Jost Scholl

<u>So nicht!</u>

Der Kündigungs-Ratgeber

Arbeitsrecht

- Vom Profi für die Praxis -

Mit Tipps, Beispielen & Mustern

Bibliografische Information der Deutschen Nationalbibliothek:
Die Deutsche Nationalbibliothek verzeichnet diese Publikation
in der Deutschen Nationalbibliografie; detaillierte bibliografische
Daten sind im Internet über http://dnb.dnb.de abrufbar.

3. Auflage
Copyright © 2020 Jost Scholl
Projektleitung & Redaktion: Hans-Peter Schüssler
Konzeption: Eckhard Fieberg
Umschlaggestaltung & Design: Monika H. Kreuzer
Layout: Peter Meyer-Lorenz
Herstellung und Verlag: BoD – Books on Demand, Norderstedt

ISBN: 978-3-7504-3702-9

Vorwort:

So nicht!
Der Kündigungs-Ratgeber
– Vom Profi für die Praxis –

enthält wertvolle Tipps und Tricks, die in jahrelanger gerichtlicher und außergerichtlicher Arbeit mit unterschiedlichsten Arbeitgebern, Arbeitnehmern, Anwälten, Gewerkschaften, Gerichten und anderen Behörden gesammelt wurden.

Er erklärt Ihnen verständlich, schnell und praxisnah was Sie bei einer bevorstehenden oder schon ausgesprochenen Kündigung beachten müssen, damit Sie über Ihre Rechte Bescheid wissen, sie in der Praxis durchsetzen können und nicht von Ihrem Arbeitgeber, ggf. Kollegen, Ihrem Betriebs-/Personalrat, Vorgesetzten, etc. übervorteilt werden.

Das Buch beschreibt zuerst sämtliche rechtlichen Gründe, die zu einer Kündigung führen können und welche Voraussetzungen die Kündigung hat. Danach wird die außergerichtliche und gerichtliche Praxis des Streitens behandelt.

Die genannten Paragraphen können Sie einfach im Internet über Suchmaschinen finden. Es lohnt sich hierbei auch immer einige Paragraphen vor und hinter den hier genannten zu lesen.

Die Juristerei dient in erster Linie der Ordnung und Gerechtigkeit. Die vielen Paragraphen sind aber nur die eine Seite der Medaille; außerdem sind Jura und die betriebliche Wirklichkeit meist zweierlei Schuhe. Ganz wichtig ist deshalb die praktische und erfolgreiche Durchsetzung Ihrer Rechte:

Die Frage, wie Sie wann was vorbringen und was nicht, was Ihren Vertragspartner kennzeichnet, welche Alternativen Sie zu unterschiedlichen Zeitpunkten haben und wie Sie entsprechende Aktionen und Reaktionen der Gegenseite möglichst für sich selbst nutzen können, außerdem wann Sie ggf. wen mit ins Boot holen.

Entscheidend ist deshalb, dass Sie Ihre – durch das Gesetz gewährleisteten – Rechte durchsetzen und beweisen können. Speziell deshalb sollten Sie vorbereitet sein und keine vermeidbaren Fehler begehen.

Mit diesem Ratgeber sind Sie optimal vorbereitet, so dass Sie das bestmöglichste Ergebnis für Ihren Fall selbst erzielen können. Leider wird das in der Praxis ohne Planung und Wissen viel zu oft nicht erreicht!

<u>So nicht!</u>
Der Kündigungs-Ratgeber
– Vom Profi für die Praxis –

wurde mit viel Sorgfalt nach bestem Wissen und Gewissen verfasst und ist auf dem aktuellsten Stand.

Beachten Sie aber, dass das Arbeitsrecht und speziell die AGB-Rechtsprechung ständigen Weiterentwicklungen gerade durch die EU-Rechtsprechung unterliegt.

Ich wünsche Ihnen viel Freude beim Lesen und vor allem beim Verteidigen Ihrer Rechte im Arbeitsleben!

Ihr

Jost Scholl

7

8

1. Teil: Die Beendigung des Arbeitsverhältnisses

Die Beendigung Ihres Arbeitsverhältnisses kann einvernehmlich, also mit Willen beider Parteien, zwischen Ihnen und Ihrem Arbeitgeber durch einen Aufhebungs- oder Abwicklungsvertrag oder einseitig durch Sie oder Ihren Arbeitgeber durch eine Kündigung geschehen.

Eine Beendigung wird nach der Rechtsprechung immer durch die Kündigung erzielt, so dass ein Rücktritt nie zur Beendigung eines Arbeitsverhältnisses führt. Auch ein Widerruf eines Arbeitsverhältnisses existiert nicht und beendet ein Arbeitsverhältnis nicht. Ferner kann durch eine reine Suspendierung oder Freistellung von der Arbeit noch keine Beendigung des Arbeitsverhältnisses gesehen werden.
Da alle o. g. Beispiele jedoch zum Ausdruck bringen, dass das Arbeitsverhältnis enden soll, ist es möglich die **Erklärung** in eine Kündigung **umzudeuten**. Für die Wirksamkeit dieser Erklärung müssen aber die Voraussetzungen einer Kündigung vorliegen.

Ein Sonderfall der Beendigung eines Arbeitsverhältnisses ist die Erklärung einer **Anfechtung**.
Die Anfechtung ist im Arbeitsrecht nur relevant, wenn sich entweder Ihr Arbeitgeber oder Sie sich als Arbeitnehmer arglistig getäuscht fühlen. Eine Anfechtung kommt in der Praxis sehr selten vor. Wenn überhaupt werden Arbeitsverträge angefochten, wenn im Bewerbungsgespräch zulässige Fragen durch Ihren Arbeitgeber gestellt wurden, so dass Sie nicht lügen durften und Sie dennoch nicht die Wahrheit sagten. Dagegen können Sie bei unzulässigen Fragen des Arbeitgebers bewußt lügen, ohne dass Ihr Arbeitgeber den abgeschlossenen Arbeitsvertrag anfechten kann, s. Jost Scholl, Der Arbeitnehmer-Ratgeber -Vom Profi für die Praxis-, (un-)zulässige Fragen – Ihr Recht zur Lüge –.

11

I. Die Kündigung:

Die einseitige Beendigung eines Arbeitsverhältnisses erfolgt üblicherweise durch eine (Beendigungs-)Kündigung.

Bei Kündigungen müssen bestimmte Voraussetzungen für deren Wirksamkeit vorliegen, die nach den allgemeinen **Beweisregeln** von demjenigen bewiesen werden müssen, der kündigt.

Bei einer Kündigung Ihres Arbeitgebers können Sie außer bei einer verhaltensbedingten Kündigung oder einem sehr klammen Arbeitgeber davon ausgehen, dass Ihnen eine Abfindung gezahlt wird, auch wenn hierauf gesetzlich kein Anspruch besteht. Dafür müssen Sie aber gegen Ihre Kündigung klagen!

Beachten Sie, dass die arbeitsrechtlichen Vorschriften zu Ihrem Schutz als Arbeitnehmer bestehen. Sollten Sie bei Ihrer **Eigenkündigung** das Arbeitsverhältnis selbst kündigen, müssen Sie diese – z. B. die Anwendung des Kündigungsschutzgesetzes (KSchG), die Anhörung des Betriebs-/Personalrats gemäß Betriebsverfassungsgesetz (BetrVG), etc. – nicht einhalten.

Ihre Eigenkündigung muss nur:

- <u>schriftlich</u> erfolgen (keine SMS, etc.), von Ihnen mit der Originalunterschrift <u>unterschrieben</u> sein,
- dem Berechtigten, d. h. demjenigen der auch Ihnen kündigen könnte, z. B. Geschäftsführer, Personalleiter, etc., möglichst gegen Quittierung zugehen und
- bei einer ordentlichen und außerordentlichen Kündigung mit sozialer Auslauffrist die <u>Kündigungsfrist</u> einhalten.
- Ferner muss bei einer außerordentlichen Kündigung mit sozialer Auslauffrist und außerordentlich fristlosen Kündigung ein <u>wichtiger Grund</u> zur Kündigung bestehen.

Begründen müssen Sie Ihre Kündigung nie.

Beispiel: Eigenkündigung
An den Arbeitgeber

Sehr geehrte Damen und Herren,

hiermit kündige ich mein Arbeitsverhältnis mit Ihnen

- ordentlich zum … (ordentliche Kündigung).
- außerordentlich mit sozialer Auslauffrist zum … (außerordentliche Kündigung mit soz. Auslauffrist).
- außerordentlich fristlos (außerordentlich fristlose Kündigung).

Ich bitte Sie mir diese Kündigung schriftlich zu bestätigen.

Mit freundlichen Grüßen

Ort, Datum   Unterschrift Arbeitnehmer

Haben Sie Ihre Eigenkündigung unüberlegt Ihrem Arbeitgeber geschrieben, können Sie diese solange **zurücknehmen** bis sie Ihrem Arbeitgeber zugegangen ist. Nach dem Zugang können Sie nur noch die **Anfechtung** derselbigen erklären. Dazu müssen aber die Voraussetzungen der Anfechtung vorliegen, d. h. Sie wurden durch arglistige Täuschung, widerrechtliche Drohung oder über eine verkehrswesentliche Eigenschaft durch Ihren Arbeitgeber getäuscht und haben nur deshalb Ihre Eigenkündigung ausgesprochen. Das ist für Sie sehr schwer zu begründen und zu **beweisen**, von daher hat eine Anfechtung pur juristisch kaum Chancen. In der Praxis sollten Sie über Ihren Anwalt Kontakt zum Arbeitgeber aufnehmen lassen, damit der Ihre Eigenkündigung möglichst auf dem kurzen Dienstweg unbürokratisch aus der Welt schafft und das Arbeitsverhältnis weiter fortgesetzt werden kann, was durchaus realistisch ist. Die Rechtsprechung deutet im Übrigen eine o. g. unwirksame Anfechtung so um, dass Sie Ihrem Arbeitgeber anbieten das Arbeitsverhältnis unverändert fortzusetzen bzw. einen Aufhebungsvertrag abzuschließen. Dazu muss Ihr Arbeitgeber aber zustimmen, was nur er bestimmt.

1. Die Kündigungsformen:

Es werden zwei Grundformen von Kündigungen unterschieden, die ordentliche und die außerordentliche Kündigung.

Die **ordentliche Kündigung** regelt den Normalfall, d. h. es soll eine Beendigung Ihres Arbeitsverhältnisses unter Einhaltung der normalen Kündigungsfrist erfolgen.

Dagegen wird das Arbeitsverhältnis bei einer (normalen fristlos) **außerordentlichen Kündigung** ohne Einhaltung der Kündigungsfrist sofort auf Knopfdruck, also ohne Frist, beendet. Hierfür müssen aber gesteigerte Voraussetzungen gegeben sein, z. B. muss ein <u>wichtiger</u> (Kündigungs-)<u>Grund</u> vorliegen und die außerordentliche Kündigung muss Ihnen bereits innerhalb von <u>zwei Wochen</u> nach Kenntnis Ihres Arbeitgebers von den wesentlichen zur Kündigung berechtigenden Umständen zugegangen sein.

Darüber hinaus gibt es die (seltene) **außerordentliche Kündigung unter Wahrung der sozialen Auslauf(-kündigungs-)frist**. Diese ist eine Zwischenform der ordentlichen und der (normalen fristlos) außerordentlichen Kündigung. Sie kommt zur Anwendung, wenn Sonderkündigungsschutz, z. B. tarifliche Unkündbarkeit besteht, so dass ein besonders schwerwiegender – juristisch: wichtiger – Grund für die Zulässigkeit der Kündigung vorliegen muss. Deshalb außerordentliche Kündigung.

Auch **gestaffelte Kündigungen**:

- 1. außerordentlich fristlos und hilfsweise – für den Fall, dass die Voraussetzungen der außerordentlich fristlosen Kündigung nicht vorliegen sollten – 2. ordentlich oder
- 1. außerordentlich fristlos und hilfsweise – für den Fall, dass die Voraussetzungen der außerordentlich fristlosen Kündigung nicht vorliegen sollten – 2.

14

außerordentlich mit sozialer Auslauffrist (da aufgrund des bestehenden Sonderkündigungsschutzes eine ordentliche Kündigung unzulässig wäre)

sind zulässig (Schrotflintenprinzip).

Achtung: Sollte in Ihrem Betrieb <u>kein</u> Betriebs-/Personalrat bestehen, ist eine **Umdeutung** einer außerordentlichen in eine ordentliche Kündigung, die geringere Voraussetzungen hat und deshalb für ihn einfacher ein Arbeitsverhältnis beendet, sogar noch im Gerichtsverfahren möglich, wenn sich Ihr Arbeitgeber hierauf beruft.
Sollte dagegen bei Ihnen <u>ein</u> Betriebs-/Personalrat existieren, ist eine Umdeutung nur möglich, wenn Ihr Arbeitgeber den Betriebs-/Personalrat direkt zu beiden Kündigungen ordnungsgemäß anhörte. Ansonsten ist die Umdeutung unzulässig!

Beispiel: Kündigung durch den Arbeitgeber
Sehr geehrte(r) Herr/Frau …,

hiermit kündigen wir Ihnen
- ordentlich zum … (ordentliche Kündigung).
- außerordentlich mit sozialer Auslauffrist zum … (außerordentliche Kündigung mit soz. Auslauffrist).
- außerordentlich fristlos (außerordentlich fristlose Kündigung).

Bei der außerordentlichen Kündigung mit soz. Auslauffrist & außerordentlich fristloser Kündigung zusätzlich: Die Kündigung erfolgt aus folgenden Gründen: … .
Wenn ein Betriebs-/Personalrat besteht zusätzlich: Die Rechte des Betriebs-/Personalrats wurden gewahrt.

Ggf.: Hinweis auf Arbeitssuchend- und Arbeitslos-meldung.
Mit freundlichen Grüßen

Ort, Datum   Unterschrift Arbeitgeber

2. Die allgemeinen Voraussetzungen einer Kündigung:

Kündigt Ihnen Ihr Arbeitgeber (**Arbeitgeberkündigung**), muss er alle folgenden **allgemeinen und ggf. besonderen sowie weitere Voraussetzungen** nachweisen, was Sie ausnutzen können:

a) Die Kündigungskompetenz:

Eine Kündigung muss immer durch den Berechtigten erfolgen. Klar kann Ihnen nicht jeder x-Beliebige kündigen. Entweder kündigt Ihnen der gesetzliche Vertreter des Arbeitgebers/Unternehmens. Das ist grundsätzlich der Chef des Unternehmens (**Kapitän des Schiffes**) oder ein sonst hierzu Befugter; **sonstige Befugte** sind speziell Personalleiter (nicht aber reine Personalsachbearbeiter) oder Prokuristen, d. h. Mitarbeiter, die vom Kapitän dazu ermächtigt wurden. Bei Prokuristen muss die Prokura aber im Handelsregister eingetragen und vom Registergericht bekannt gemacht worden sein. Auch das muss Ihr Arbeitgeber – bei entsprechendem Bestreiten durch Sie – **beweisen**!

Besondere Vorsicht ist bei der (Unter-)**Vertretung** angebracht.
Zwar kann eine Kündigung durch einen (Unter-)Vertreter des Berechtigten ausgesprochen werden. Diese kann aber durch Sie zurückgewiesen werden, wenn der (Unter-)Vertreter Ihnen zu der Originalkündigung keine Originalvollmacht des Berechtigten – alles natürlich mit Original-Unterschrift des Berechtigten – übergibt und sie üblicherweise bei Ihnen belässt, § 174 Satz 2 BGB. Sollten nicht Sie die Kündigung aus o. g. Grund zurückweisen, sondern Ihr Anwalt, muss

16

dieser eine generelle Vollmacht von Ihnen dem (Unter-)Vertreter schriftlich im Original nachweisen, damit dessen Zurückweisung wirksam ist.

 Achtung: Die Zurückweisung muss <u>unverzüglich</u>, d. h. sofort, spätestens aber binnen zweier Tage erfolgen.

Erfolgt die Zurückweisung wie vorgenannt, ist die Kündigung nicht durch den Berechtigten erklärt worden, so dass die Kündigung direkt nichtig, also unwirksam ist.

b) Die Schriftform:

Eine Kündigung muss **immer schriftlich** erklärt werden, d. h. es muss schriftlich zum Ausdruck kommen, dass das Arbeitsverhältnis enden soll. Der Kündigende muss diese Erklärung durch seine Originalunterschrift „beurkunden". Die Schriftform ist immer zwingend, so dass hiervon keine Ausnahmen zulässig sind oder vereinbart werden können. Ist die Schriftform nicht gewahrt, ist die Kündigung direkt nichtig, also unwirksam.

In der Praxis werden Kündigungen manchmal mit einer sehr unleserlichen Unterschrift unterzeichnet. Sollten Sie die Unterschrift nicht kennen und auch nicht entziffern können, beziehen Sie sich auf die **Paraphenrechtsprechung**. Hiernach sind Paraphen, d. h. bloße Namensschlenker, denen manche Unterschriften ähneln, nicht ausreichend für eine Unterschrift. Es muss mindestens ein – üblicherweise der erste – Buchstabe des Nachnamens entziffert werden können, ansonsten ist die Schriftform nicht gewahrt und die Kündigung direkt unwirksam. Setzen Sie aber nicht alle Ihre Hoffnungen hierein, da die Gerichte die Paraphenrechtsprechung entweder nicht kennen oder die Unterschrift als leserlich bzw. Ihnen bekannt ansehen. Rügen sollten Sie das aber dennoch!

c) Der Zugang:

Sehr fehleranfällig ist der Zugang einer Kündigung. Wird Ihnen die Kündigung direkt übergeben (**Zugang unter Anwesenden**), gilt die Kündigung als zugegangen, wenn Sie das Kündigungsschreiben übergeben bekommen. Beachten Sie, dass Sie zwar nicht zur Empfangsbestätigung/Quittierung verpflichtet sind, bei einer Nichtannahme bzw. Nichtquittierung der Zugang aber immer bejaht wird (verweigerte Annahme). Von daher ist Ihre Reaktion bei der Übergabe im Ergebnis egal. Sollte Ihnen die schriftliche Kündigung nur zum Durchlesen übergeben werden, ist ein Zugang gegeben. Trotzdem sollten Sie den Zugang bestreiten, wenn Ihnen die Kündigung nicht übergeben bzw. wieder abgenommen wurde. Ihr Arbeitgeber muss dann den Zugang bei Ihnen im Prozess beschreiben und **beweisen**.

Bei einer Übersendung der Kündigung (**Zugang unter Abwesenden**) gilt die Kündigung erst dann bei Ihnen als zugegangen, wenn Sie die Möglichkeit der Kenntnisnahme hatten, Sie also die Kündigung lesen konnten.

Wird Ihnen also die Kündigung **postalisch einfach** übersandt, gilt diese als zugegangen, wenn die nächste regelmäßige Leerung Ihres Briefkastens erfolgen würde, was grundsätzlich die Leerung am darauffolgenden Morgen eines Werk- oder Samstags ist.

Auch das **Einwurfeinschreiben** wird wie ein einfacher Brief behandelt, nur mit dem Unterschied, dass der Absender einen Nachweis von dem zustellenden Postboten erhält, auf dem steht, dass der Brief an einem bestimmten Datum zu einer bestimmten Uhrzeit in Ihren Postkasten geworfen wurde.

Erstaunlicherweise übersenden immer noch viele Arbeitgeber Kündigungen mit **Einschreiben und Rückschein**. Das ist sehr risikoreich für Ihren Arbeitgeber, wenn auch auf den ersten Blick komfortabel. Auch hier gilt die Kündigung erst dann als zugegangen, wenn Sie den „Machtbereich" des Empfängers, sprich Wohnungs-/Hausbriefkasten, erreicht hat. Der Zugang allein des Benachrichtigungszettels, falls Sie nicht angetroffen wurden, stellt noch keinen Zugang der Kündigung dar, sondern erst, wenn die Kündigung direkt entgegen genommen wurde oder – soweit Sie abwesend waren – die Kündigung aufgrund des Benachrichtigungszettels beim Postamt abgeholt wurde. Sollte die Kündigung trotz des Benachrichtigungszettels nicht abgeholt werden, gilt die Kündigung im Zweifel als nicht zugegangen und Ihr Arbeitgeber muss den Zugang bei Ihnen **beweisen**, was ihm sehr schwer fallen wird, auch wenn hier ein vereitelter Zugang diskutiert würde.

Es werden teilweise Postkästen oder Namensschilder von Empfängern entfernt oder ein böser Hund danebengesetzt, damit eine Kündigung nicht zugehen kann. In diesem Fall liegt eine **Zugangsvereitelung** vor, was bedeutet, dass der Empfänger weiß, dass er eine Kündigung erhalten wird und diese bösartig versucht mit unfairen Mitteln nicht zugehen zu lassen. Das lässt die Rechtsprechung nicht zu, so dass in diesen Fällen ein Zugang der Kündigung zum jeweils nächstmöglichen Termin, regelmäßig der nächste Morgen eines Werktages bzw. Samstags, unterstellt wird, soweit der Arbeitgeber die Zugangsvereitelung, d. h. das Abschrauben des Postkastens o. ä., **beweisen** kann. Auch eine kurze oder lange Abwesenheit durch Urlaub, Untersuchungshaft, Krankenhaus, Kur, Reha, etc. lässt den Zugang zum jeweils nächstmöglichen Termin nicht entfallen. Von daher sollten Sie sich nicht die Mühe machen.

In besonders wichtigen oder eiligen Fällen schicken Arbeitgeber einen zuverlässigen **Boten** zu Ihnen nach Hause, der die Kündigung Ihnen persönlich übergeben soll, bei Verweigerung das für den Arbeitgeber notiert oder – bei Ihrer Abwesenheit – die Kündigung bei Ihnen einwirft. Zusätzlich protokolliert er für den Arbeitgeber den Zugang, d. h. Übergabe, Einwurf, Verweigerung, etc., mit seinem Namen, Datum und Uhrzeit. In diesem Fall gilt das oben Gesagte mit einer Besonderheit: Fragen Sie nicht nach dem Kuvertinhalt und kann Ihr Arbeitgeber später nicht **beweisen**, dass das Kuvert gerade Ihre Kündigung vom ... zum ... aus dem

Grund … enthielt, ist streitig, was denn genau der Inhalt des Kuverts war. Es spricht zwar einiges dafür, dass das Ihre Kündigung war, speziell bei entsprechender Vorgeschichte. Sicher ist das aber nicht und das muss Ihr Arbeitgeber **beweisen**! Aus diesem Grund nehmen Arbeitgeber einen erfahrenen Boten und sagen dem vorher, dass sich Ihre Kündigung, Herrn/Frau … vom … zum … aus dem Grund … im Kuvert befindet, was zusätzlich in dem Protokoll notiert wird. In diesem Fall ist der Zugang bei Ihnen ganz sicher zum Zeitpunkt der Übergabe, spätestens aber am Tag der regelmäßigen Leerung Ihres Briefkastens eingetreten, gleichgültig wie Sie sich verhalten.

 Achtung: Teilweise verschärfen sich die Fronten zwischen Ihnen und Ihrem Arbeitgeber bei Zugangsproblemen, so dass Sie **nicht** ohne Grund **provozieren** sollten. Es ist aber Ihr gutes Recht Ihre Interessen an der Unwirksamkeit der Kündigung auszureizen!

Lassen Sie sich nicht dadurch irritieren, dass Ihr Arbeitgeber eventuell **mehrere Kündigungen** und z. T. an **unterschiedliche Adressen** von Ihnen adressiert. Das deutet entweder daraufhin, dass der Arbeitgeber bzgl. des Zugangs und Ihres Wohn-/Aufenthaltsortes unsicher ist oder er Sie dadurch schikanieren will, was selten vorkommt. Im Ergebnis ändert das nichts an dem Zugang mindestens einer Kündigung bei Ihnen.
Eine **Wiederholungskündigung**, d. h. eine Kündigung aus demselben Grund im Sinne von Kündigungssachverhalt, ist unwirksam. Sollte die erste Kündigung aber nur aus formellen Gründen, z. B. Zugangsproblemen, unwirksam sein oder stellen sich später neue Kündigungsgründe heraus, ist die weitere Kündigung aus demselben Grund ohne formellen Fehler oder aus einem weiteren Kündigungsgrund wirksam! Ansonsten gilt: **Ein Kündigungsgrund** (-sachverhalt), **eine Kündigung** (-smöglichkeit)! Aus diesem Grund sollten Sie **gegen alle Kündigungen sicherheitshalber Klage erhe-**

ben, weil ansonsten eine nicht angegriffene Kündigung Ihr Arbeitsverhältnis beendet, auch wenn sie juristisch nicht wirksam war. Und dann ist Ihr Arbeitsverhältnis beendet! Das hat zwar gesteigerten Aufwand zur Folge und führt zu höheren Prozesskosten, diese sollten Ihnen bei einem bestehenden Arbeitsverhältnis aber recht sein, im Übrigen können Sie bei einer oder mehreren **offensichtlich unbegründeten Kündigungen** Schadensersatz für die Kosten des Gerichtsverfahrens und Schmerzensgeld von Ihrem mutwillig kündigenden Arbeitgeber verlangen. Für die offensichtliche Unbegründetheit der Kündigungen sind jedoch Sie darlegungs- und **beweis**belastet.

Beachten Sie, dass Kündigungen **zu jedem Zeitpunkt** zugestellt werden können, auch an Feiertagen oder persönlich bedeutsamen Ereignissen, z. B. Ihrer eigenen Hochzeit, Beerdigung von nahen Angehörigen, etc. Die Wirksamkeit der Kündigung und deren Zugang ist hiervon unbeeindruckt. Ggf. macht sich der Arbeitgeber aber schadensersatzpflichtig. Sie müssen den bei Ihnen eingetretenen Schaden aber beweisen und in Euro berechnen, was Sie in der Praxis nicht leisten können. Es bleibt aber eine deutlich respektlose Note übrig, die im Rahmen eines Rechtsstreits zwischen den Zeilen gegen Ihren Arbeitgeber sprechen kann.

d) Die richtigen Kündigungsdaten:

Sollte in der Kündigung ein **falsches** End-**Datum** bzw. eine falsche Datumsberechung erfolgt sein, ist das irrelevant. Es wird automatisch in das richtige Datum umgedeutet.

Problematisch ist dagegen ein falsches Datum des Kündigungsschreibens. In diesem Fall wird auf den tatsächlichen Zugang des Kündigungsschreibens bei Ihnen – unabhängig von dem Datum des Kündigungsschreibens – abgestellt. In extremen Fällen, z. B. ein 12 Monate altes oder in die Zukunft ausgestelltes Kündigungsschreiben, wird aber nicht mehr von einem in das richtige Datum umzudeutendes Versehen, sondern Verwirkung, ausgegangen. Hierdurch wäre das Kündigungsrechts Ihres Arbeitgebers ausgeschlossen und die Kündigung ist unzulässig. **Sicherheitshalber sollten Sie immer auch gegen offensichtlich falsche Kündigung klagen!**

e) Sonstiges:

- Häufig wird mißverstanden, dass der **Kündigungsgrund im Kündigungsschreiben benannt** werden muss. Das ist falsch, der Kündigungsgrund muss Ihnen zwar (zumindest auf Nachfrage) persönlich genannt werden und sich – bei bestehendem Betriebs-/Personalrat – aus der Anhörung ergeben. In dem Kündigungsschreiben kann er genannt werden, muss aber nicht.
  Eine <u>Ausnahme</u> besteht nur bei Azubis und Umschulungen bzw. Fortbildungen, § 22 Abs. 3 BBiG sowie Kündigungen im Mutterschutz § 9 Abs. 3 Satz 2 MuSchG. Hier muss der Kündigungsgrund im Kündigungsschreiben ausdrücklich im Kündigungsschreiben stehen.

- Kündigungen sind **bedingungsfeindlich**, d. h. sie können nicht von einer Bedingung abhängig gemacht werden. Ihr Arbeitgeber kann Ihnen deshalb nicht sagen: „Ich kündige Ihnen, wenn Sie jetzt nicht das Angebot x an den Kunden y rausschicken." Entweder kündigt er oder er lässt es. Lassen Sie sich nicht ins Bockshorn jagen. Entscheidend ist immer, dass der Kündigungsgrund zum Zeitpunkt des Kündigungsausspruchs vorliegt. Deshalb überprüfen Gerichte ausschließlich, ob zum Zeitpunkt des <u>Kündigungsausspruchs</u> die jeweiligen Kündigungsgründe vorlagen (**Prüfungszeitpunkt des Gerichts**)!

- Juristisch kniffelig ist das **Nachschieben von Kündigungsgründen**. Hierbei wurde Ihnen bereits aus einem bestimmten, zum Zeitpunkt des Kündigungsausspruchs, bestehenden Kündigungsgrund, gekündigt. Nachträglich – meist während eines Kündigungsschutzprozesses – erkennt Ihr Arbeitgeber weitere, über den ersten Kündigungsgrund noch nicht bekannte Kündigungsgründe.

Ihr Arbeitgeber kann Ihnen dann aus diesem/n Grund/Gründen separat ein zweites Mal kündigen oder er versucht die ihm ursprünglichen – zum Zeitpunkt des ersten Kündigungsausspruchs vorliegenden –, ihm aber nicht bekannten Gründe in das Gerichtsverfahren bzgl. der ersten Kündigung zu integrieren. Ersteres ist immer zulässig, allerdings müssen die übrigen allgemeinen und besonderen Kündigungsvoraussetzungen für die zweite Kündigung vorliegen. Juristisch ist das einfacher und sicherer, finanziell aber teurer, denn Ihr Arbeitgeber muss Ihnen eine neue Kündigung mit – falls nicht außerordentlich fristlos – neu abzulaufender Kündigungsfrist aussprechen. Deshalb wird in der Praxis immer nachgeschoben. Als Voraussetzung muss Ihr Arbeitgeber nachweisen, dass:

- Er zum Zeitpunkt des ursprünglichen Kündigungsausspruchs gar keine Kenntnis von den nachzuschiebenden Kündigungsgründen hatte und das auch nicht musste, weil die Kündigungsgründe weder offensichtlich waren noch sich ihm sonst aufdrängen mussten, wie z. B. Beschwerden von Kunden, anonyme Briefe, etc. und

- – soweit vorhanden – er Ihren Betriebs-/Personalrat zum Nachschieben der Kündigungsgründe ordnungsgemäß bzgl. Inhalt und Einhaltung der jeweiligen Fristen anhörte.

 Beim Nachschieben von Kündigungsgründen werden in der Praxis extrem viele Fehler gemacht, so dass das Nachschieben meist unwirksam ist. Konsequenz ist dann aber eine neue Kündigung mit neuer Kündigungsfrist. Sie haben somit (nur) eine neue Kündigungsfrist gewonnen!

EXKURS: Die Kündigungsfrist

Kündigungsfristen müssen nur bei einer ordentlichen und außerordentlichen Kündigung mit sozialer Auslauffrist beachtet werden.

Um **die richtige Frist** zu bestimmen, müssen Sie überprüfen, welche Regelungen auf Ihr Arbeitsverhältnis Anwendung finden:

- Ein Tarifvertrag – soweit anwendbar –,
- das Gesetz (hier § 622 BGB) oder
- Ihr Arbeitsvertrag.

Bzgl. der Kündigungsfristen bestehen aber kaum Unterschiede zwischen den unterschiedlichen Regelungen, so dass Sie weitestgehend der Vollständigkeit halber die Frist kontrollieren sollten.

Die gesetzliche Kündigungsfrist während der vereinbarten **Probezeit** beträgt zwei Wochen, § 622 BGB.

Die **Grundkündigungsfrist** beträgt gemäß § 622 BGB vier Wochen zum 15. oder Ende eines Kalendermonats. Diese Frist gilt für Kündigungen durch Sie als Arbeitnehmer (**Arbeitnehmerkündigung**) immer. Hierbei ist es gleichgültig wie lange Sie bereits bei Ihrem Arbeitgeber beschäftigt sind, außer durch Tarifvertrag sind längere oder kürzere Fristen oder andere Kündigungstermine vereinbart. Sind Sie als vorübergehende Aushilfe weniger als drei Monate beschäftigt oder hat Ihr Arbeitgeber maximal 20 Arbeitnehmer exklusive der Auszubildenden (wobei Arbeitnehmer mit maximal 20 h Wochenarbeitszeit als 0,5, Arbeitnehmer mit maximal 30 h Wochenarbeitszeit als 0,75 und Arbeitnehmer mit mehr als 30 h Wochenarbeitszeit als 1,0 Personen gezählt werden) ist die Unterschreitung der Kündigungsfrist von vier Wochen zulässig. Das muss aber im Arbeitsvertrag vereinbart werden. Sollte in Ihrem Arbeitsvertrag dagegen eine längere Kündigungsfrist enthalten sein, gilt diese.

Für die Kündigung durch den Arbeitgeber (**Arbeitgeberkündigung**) kommen nach Länge der Betriebszugehörigkeit gestaffelte Fristen zur Anwendung:

Hat das Arbeitsverhältnis:

- – zwei Jahre Betriebszugehörigkeit (BZ) bestanden, beträgt die Kündigungsfrist, einen Monat,
- – fünf Jahre BZ, zwei Monate,
- – 10 Jahre BZ, drei Monate,
- – 12 Jahre BZ, vier Monate,
- – 15 Jahre BZ, fünf Monate,
- – 20 Jahre BZ, sechs Monate jeweils bis zum Ende des Kalendermonats.

Achtung: Hierbei zählt Ihre Zugehörigkeit vor der Vollendung Ihres 25. Lebensjahres mit, wenn sich die Berufstätigkeit nahtlos an eine **vorhergehende Ausbildung** angeschlossen hat, auch wenn das im Gesetz abweichend geregelt ist (Redaktionsfehler).

Hat der Eigentümer Ihres Betriebes gewechselt (**Betriebsübergang**) beginnt Ihre Betriebszugehörigkeit ab dem Erwerb nicht neu bei Null, sondern läuft ohne Unterbrechung weiter. Das gilt auch bei einer **langen Krankheit** von Ihnen oder wenn Sie den **Betrieb verlassen** haben und binnen sechs Monaten wieder eintreten.

Wichtig ist, dass die Kündigungsfrist, die Sie als Arbeitnehmer einhalten müssen, nicht länger sein darf als diejenige für Ihren Arbeitgeber. Ansonsten ist die Frist unwirksam und die gesetzliche Kündigungsfrist gilt, § 622 BGB.

Für Arbeitnehmer, die für **mehr als fünf Jahre angestellt** sind, und **Organmitglieder**, d. h. Geschäftsführer, Vorstände, gelten Sondervorschriften, §§ 624, 621 BGB.

In der **Insolvenz** kann durch jede Partei mit einer Frist von drei Monaten zum Monatsende gekündigt werden, wenn nicht nach o. g. Vorschriften kürzere Fristen Anwendung finden. Tarifverträge müssen dann nicht eingehalten werden, § 113 InsO.

3. Die besonderen Voraussetzungen einer Kündigung:
a) Die Anwendbarkeit des Kündigungsschutzgesetzes
 – Der Prüfungsmaßstab:

Haben Sie an einem Stück **weniger als sechs Monate** bei dem Unternehmen gearbeitet, was meist Ihrer Probezeit entspricht, gilt das Kündigungsschutzgesetz (KSchG) für Sie nicht (**Probezeitkündigung**). Das hat große Bedeutung, da Ihr Arbeitsverhältnis in diesem Fall deutlich weniger geschützt ist, als bei Eingreifen des KSchG:

In diesem Fall kann die Kündigung **nur** im Hinblick auf Verstöße gegen die guten Sitten nach § 138 BGB und Treu und Glauben gemäß § 242 BGB (**allgemeiner Gerechtigkeitsgedanke**) überprüft werden. Es reicht im Gegensatz zu einem Arbeitsverhältnis außerhalb/nach der Probezeit deshalb eine **nachvollziehbar wertende Prognoseentscheidung** zum Zeitpunkt des Kündigungsausspruchs Ihres Arbeitgebers aus, um das Probezeitarbeitsverhältnis kurz und knackig rechtlich wirksam enden zu lassen. Es ist deshalb rechtlich vollkommen ok, wenn Ihr Arbeitgeber nur meint Sie seien zu langsam, zu oft krank, zu unzuverlässig, integrieren sich nicht in die Abteilung o. ä.! Damit dessen Entscheidung in tatsächlicher Hinsicht keinen Unfrieden im Betrieb verursacht und auch rechtlich nicht angreifbar ist, berufen sich geschulte Arbeitgeber in der Praxis oft darauf, dass aus betrieblichen Gründen kein weiterer Bedarf mehr an Ihrer Arbeitsleistung besteht, um einen neutraleren Grund zu wählen, keine Angriffsfläche zu bieten und die emotionalen Wogen nicht unnötig hoch steigen zu lassen.

Während der Probezeit ist das bereits ausreichend für einen rechtlich wirksamen Kündigungsgrund, **außer** Sie verfügen über **Sonderkündigungsschutz**, z. B. wenn einer Schwangeren während der Probezeit gekündigt werden soll, sich jemand in der Elternzeit befindet, etc. Sind Sie aber schwerbehindert oder einem Schwerbehinderten gleichgestellt und noch nicht länger als sechs Monate bei Ihrem Arbeitgeber, gilt für Sie noch nicht der Sonderkündigungsschutz des SGB IX, s. Sonderkündigungsschutz!

Besteht in Ihrem Betrieb ein **Betriebs-/Personalrat**, muss der zu Ihrer Probezeitkündigung vor deren Ausspruch angehört werden. Sind die Fristen im Rahmen der Betriebs-/Personalratsanhörung in Ordnung, s. Betriebs-/Personalratsanhörung, und liegen die weiteren Voraussetzungen einer normalen Kündigung vor (speziell: **Schriftform** der Kündigung, **Zugang** bei Ihnen), ist bereits jetzt die Probezeitkündigung rechtlich in Ordnung. Sie wird mit Ausspruch wirksam und Ihr Probezeitarbeitsverhältnis endet mit Auslaufen der zweiwöchigen Kündigungsfrist, § 622 BGB. Während dieser Zeit werden meist die aufgebauten Urlaubsansprüche und ggf. zusätzlichen Überstunden abgebaut.

Sind Sie **länger als sechs Monate** in demselben Unternehmen beschäftigt **und** hat Ihr Arbeitgeber **durchschnittlich mehr als** fünf **Arbeitnehmer** – wenn Sie vor dem 31.12.2003 begonnen haben oder mehr als 10 Arbeitnehmer, wenn Sie nach dem 01.01.2004 eingestellt wurden – gilt für Sie das KSchG. Hierfür müssen Sie aber Arbeitnehmer im Sinne des § 5 BetrVG dieses Betriebes sein, also Arbeiter oder Angestellter, Beamter, Soldat oder Arbeitnehmer des öffentlichen Dienstes. Beachten Sie hierbei die besondere Zählung: Mitarbeiter mit maximal 20 h Wochenarbeitszeit werden als 0,5, Mitarbeiter mit maximal 30 h Wochenarbeitszeit als 0,75 und Mitarbeiter mit mehr als 30 h Wochenarbeitszeit werden als 1,0 Personen gezählt, § 23 KSchG.

Keine Arbeitnehmer sind **Angestellte in leitender Stellung** und gesetzliche Vertreter eines Unternehmens. Für diese gilt das KSchG nicht, **außer** Geschäftsführer, Betriebsleiter und ähnliche leitende Angestellte sind zur selbstständigen Einstellung oder Entlassung berechtigt.

Die Anwendung des KSchG hat zur Folge, dass die soziale Rechtfertigung der Kündigung vor Gericht überprüft wird. Die Kündigung wird für Ihren Arbeitgeber dann rechtlich aufwändiger.

Das KSchG unterscheidet drei unterschiedliche **Gründe für Kündigungen**:

- Betriebs-,
- personen-/krankheits- und
- verhaltensbedingte Kündigungsgründe.

Alle drei Gründe für eine Kündigung können als:

- ordentliche,
- außerordentliche fristlose und
- außerordentliche Kündigung mit sozialer Auslauffrist

ausgesprochen werden.

Theoretisch ist auch eine Kündigung aus mehreren Gründen möglich. In der Praxis sprechen professionell beratene Arbeitgeber dann aber für jeden Grund eine separate Kündigung – durchaus mit identischem Datum – aus. In diesem Fall sollten Sie in jedem Fall gegen jede Kündigung klagen, um Ihr Arbeitsverhältnis nicht durch eine (übersehene) Kündigung enden zu lassen!

Für den jeweiligen Kündigungsgrund müssen über o. g. immer notwendige allgemeine Voraussetzungen stets folgende, für den jeweiligen Kündigungsgrund, **besondere Voraussetzungen** vorliegen:

**b) Die besonderen Voraussetzungen der betriebsbe-
dingten Kündigung:**

Die betriebsbedingte Kündigung wird ausgesprochen, wenn
Ihr Arbeitgeber nicht genug Aufträge hat, um Sie zu be-
schäftigen oder unabhängig davon bei Rationalisierungen
Personalkosten eingespart werden sollen.

Da das mehr oder weniger genau durch Ihren Arbeitgeber
beschrieben und **bewiesen** werden kann, ist die betriebsbedingte Kündigung bei guter Vorbereitung des Arbeitgebers gut vor Gericht zu begründen, so dass Sie nicht viele
Chancen haben Ihre Stelle zu behalten. Dennoch werden
hier in der Praxis viele Fehler gemacht, so dass Ihnen der
Arbeitsplatz erhalten bleibt oder zumindest eine Abfindung
beschert wird.

Die betriebsbedingte Kündigung ist sozial gerechtfertigt, d.
h. rechtlich zulässig und beendet somit Ihr Arbeitsverhältnis,
wenn zum <u>Zeitpunkt des Kündigungsausspruchs</u> folgende
Voraussetzungen vorliegen:

aa) Der dauerhafte Verlust des Arbeitsplatzes:

Entscheidend ist, dass gerade Ihr individueller Arbeitsplatz
entfällt. Deshalb muss Ihr Arbeitgeber konkret nachweisen,
dass Sie einen bestimmten Arbeitsplatz hatten. Das kann
problematisch werden, da manche Arbeitsplätze schwer ab-
grenzbar sind, weil Sie alles erledigen und überall eingesetzt werden. In diesem Fall wird es für Ihren Arbeitgeber
schwierig überhaupt Ihren Arbeitsplatz zu beschreiben, geschweige denn darzulegen und zu **beweisen**, dass die Arbeit auf gerade Ihrem individuellen Arbeitsplatz weggefallen
ist.

Kann der Arbeitgeber konkret Ihren Arbeitsplatz beschreiben
– gerade in größeren Betrieben gibt es Stellenbeschreibun-
gen – muss er den dauerhaften Verlust Ihres individuellen
Arbeitsplatzes beschreiben und **beweisen**. Es ist deshalb
gerade nicht ausreichend, dass es irgendwie im Moment
weniger Arbeit als früher gibt, mehr Arbeit demnächst wahrscheinlich nicht vorhanden sein wird und Ihnen deshalb ge-

kündigt werden muss. Dieser Nachweis ist z. T. sehr schwierig und wird von unerfahrenen Arbeitgebern oft unterschätzt. Speziell in der **Leiharbeitsbranche** können Arbeitgeber diese Klippe kaum nehmen, weil es dort immer zu zeitlich befristeten Arbeitseinsätzen kommt, die planmäßig wieder enden. Ihr Arbeitgeber/Verleiher muss deshalb einen dauerhaften Auftragsrückgang und keine regelmäßige Auftragsschwankung darlegen und nachweisen. Ansonsten kann kein dauerhafter Wegfall Ihres speziellen Arbeitsplatzes bejaht werden!

Ergänzend muss Ihr Arbeitgeber beschreiben und **beweisen** wodurch der Wegfall eingetreten ist. Hier unterscheidet man **außer- und innerbetriebliche Ursachen.** Außerbetriebliche Ursachen liegen außerhalb des Betriebes, z. B. Auftragsrückgänge, Rohstoffmängel, etc. Innerbetriebliche Ursachen sind auf die gedankliche, innere Entscheidung des Arbeitgebers zurückzuführen, z. B. Restrukturierungen, Schließung einer Abteilung, Abschaffung von bestimmten Fertigungsmaschinen, etc. Da innerbetriebliche Ursachen durch Arbeitsgerichte <u>nur eingeschränkt überprüft</u> werden können – nämlich ausschließlich darauf, ob sie überhaupt vorgenommen werden sollen und werden, nicht offensichtlich willkürlich oder offensichtlich unvernünftig sind – kann ein geschickter Arbeitgeber sich das zunutze machen und einfach bluffen, er werde eine Restrukturierung o. ä. vornehmen. In diesem Fall fordern Sie Ihren Arbeitgeber auf Ihnen sein **unternehmerisches Konzept** <u>vor</u> der Kündigung und das zukünftige Konzept <u>nach</u> Ausspruch Ihrer Kündigung zu erläutern und weshalb hierdurch gerade Ihr Arbeitsplatz dauerhaft – selbstverständlich unter Berücksichtigung der weiteren Voraussetzungen unten – sowie insbesondere <u>ohne erhöhten Arbeitsaufwand anderer Arbeitnehmer im Betrieb</u> entfällt. Das hat schon vielen Arbeitgebern schlaflose Nächte bereitet, weil die wenigsten überhaupt ein Konzept haben, geschweige denn es illustrieren können!

 Achtung: Entscheidend ist immer, dass Ihr Arbeitsplatz **dauerhaft** verloren geht, nicht dass die Arbeitsmenge zurückgegangen ist. Auch bei weniger Arbeit geht Ihr Arbeitsplatz nicht verloren, er reduziert sich oder Kollegen übernehmen ihn und die dort anfallende Arbeit. Diese entscheidende juristische Tücke wird in der Praxis von vielen Arbeitgebern nicht gesehen oder nicht verstanden! Es macht auch immer Sinn während eines laufenden Kündigungsrechtsstreits die Internetseite des Arbeitgebers nach Stellenanzeigen durchzusuchen. Finden Sie eine Stelle, die Ihrer Qualifikation, etc. entspricht, entfällt Ihr Arbeitsplatz gerade nicht dauerhaft, weil ja solche Leute gesucht werden!

Schließlich sollten Sie im gerichtlichen Verfahren anfragen, ob ein **Beschluss des Kapitäns**, d. h. der Geschäftsleitung vorliegt, worin die konkrete Maßnahme Ihrer Entlassung als ... zum ... aufgrund ... schriftlich beschrieben wird. Die Vorlage eines solchen Beschlusses wird zwar üblicherweise nur bei größeren Personalentlassungen im Rahmen von Teil- und Komplettstilllegungen eines Betriebes von der Rechtsprechung verlangt, vielleicht hält Ihr Richter das aber auch bei nur einer einzigen Kündigung gegenüber Ihnen für notwendig und Sie können Ihren Arbeitgeber mehr in die Zange nehmen!

bb) Kein gleichwertiger Alternativarbeitsplatz:

Darüber hinaus darf keine anderweitige, gleichwertige Arbeitsmöglichkeit für Sie bestehen. Das bedeutet, dass Sie mit Ihren individuellen Fähigkeiten und Kenntnissen nicht alternativ eingesetzt werden können. Sicherlich können Sie nicht verlangen als Putzfrau zur Geschäftsführerin oder umgekehrt eingesetzt zu werden, aber die Rechtsprechung stellt darauf ab, dass Sie entweder in <u>derselben Hierarchiestufe</u> **direkt**, also zeitlich ohne Unterbrechung, **oder innerhalb Ihrer individuellen Kündigungsfrist** – die sich aus Ihrer Betriebszugehörigkeit (s. Exkurs: Die Kündigungsfrist) ergibt – die Tätigkeiten auf der alternativen Stelle nach einer

Einarbeitung/Fortbildung oder Umschulung mit durchschnittlicher Arbeitsqualität ausüben können. Hierbei kommt es auch nicht darauf an, ob Sie die neue Tätigkeit über- oder unterdurchschnittlich gut oder schnell erlernen können, sondern ob das objektiv überhaupt direkt oder innerhalb o. g. Frist möglich ist. Sollte das nur mit einem längeren Zeitraum als Ihrer Kündigungsfrist möglich sein, ist die Stelle nicht Ihrer jetzigen Qualifikation gleichwertig und ein Einsatz dort nicht relevant. Beachten Sie, dass Sie keinen Anspruch auf **Freikündigung** einer besetzten Stelle haben!

Die anderweitige Stelle kann <u>in demselben Betrieb</u> oder – wenn Ihr Unternehmen mehrere Betriebe hat – <u>in einem anderen Betrieb</u> bestehen. Sollte in Ihrem Arbeitsvertrag eine konzernweite **Versetzungsklausel** enthalten sein, nach der Sie sich verpflichten in allen Betrieben des Konzerns eingesetzt zu werden, kann die anderweitige Stelle – unter Berücksichtigung o. g. Vergleichbarkeit – auch innerhalb des Konzerns, d. h. sogar weit entfernt und im Ausland, liegen.

 Achtung: Entscheidend ist, dass Sie konkret beschreiben müssen, ob und inwiefern eine alternative Beschäftigungsmöglichkeit für Sie besteht. Ihr Arbeitgeber kann sich hierbei erst einmal zurücklehnen. Erst wenn Sie das aufgezeigt haben, ist es Aufgabe des Arbeitgebers Ihren konkret beschriebenen Einsatzvorschlag konkret begründet zurückzuweisen, **Beweislast!**

Sollte die alternative Stelle **andere/schlechtere Arbeitsbedingungen** hinsichtlich Arbeitszeit, -ort, Bezahlung, etc. beinhalten, muss Ihr Arbeitgeber Ihnen auch diese Stelle anbieten, **außer** Sie weisen einen Einsatz zu schlechteren Bedingungen unvorsichtigerweise direkt zurück oder die andere/schlechtere Stelle ist von der Hierarchiestufe und dem Ausbildungsniveau deutlich unterwertig, z. B. Geschäftsführer und Sachbearbeiter, nicht aber Geschäftsführer und Abteilungsleiter (Grundsatz: **Änderungskündigung vor Beendigungskündigung**). Die Nichtbeachtung dieses Grundsatzes ist immer schwierig für Ihren Arbeitgeber zu begründen, da er ganz konkret beschreiben und **beweisen** muss, weshalb alles ausgeschöpft wurde, um Ihre Beendigungskündigung zu vermeiden. Es lohnt sich deshalb immer vor Gericht die Frage aufzuwerfen, weshalb Ihr Arbeitgeber Ihnen im konkreten Fall keine Änderungskündigung ausgesprochen hat. Das bringt jeden Arbeitgeber in Erklärungsnöte!

cc) Die ordnungsgemäße soziale Auswahl:
(1) Die soziale Auswahl im weiteren Sinn:
Im Arbeitsrecht gilt der **Grundsatz**, dass unter vergleichbaren Arbeitnehmern immer dem sozial Stärksten (jünger, keine Unterhaltspflichten, keine gesundheitlichen Einschränkungen, etc.) gekündigt werden muss, weil dieser schneller wieder auf die Beine kommt als ein sozial Schwächerer (älter, Unterhaltspflichten, gesundheitliche Einschränkungen, etc.). Bei der Sozialauswahl muss Ihr Arbeitgeber deshalb überprüfen, ob neben Ihnen, dem gekündigt werden soll, vergleichbare Arbeitnehmer vorhanden sind, denen anstelle von Ihnen gekündigt werden muss.
Mit Ihnen **vergleichbar** sind solche eigenen Arbeitnehmer Ihres Betriebes – d. h. keine Leiharbeitnehmer oder andere Externe – die aufgrund ihrer Tätigkeit, d. h. ihres Einsatzes beim Arbeitgeber mit Ihnen auswechselbar sind. Hierbei spielt es keine Rolle, ob ein gelernter Informatiker, Maler oder Lagerist als Lagerist tätig ist. Es ist ausschließlich die **Tätigkeit** als Lagerist entscheidend! Da es für Arbeitgeber schwierig ist bei der Tätigkeit als neutralem Kriterium eine **Unterscheidung zwischen Voll- und Teilzeitarbeitnehmern** zu begründen, muss sich die Sozialauswahl grundsätzlich auf Voll- und Teilzeitarbeitnehmer beziehen, **außer** Ihr Arbeitgeber kann begründet **beweisen**, dass nur Vollzeitler mit Vollzeitlern oder Teilzeitler nur mit Teilzeitlern verglichen werden können. Wurde Ihnen gekündigt und sind Sie z. B. Lagerist, müssen sämtliche Lageristen des Betriebes

miteinander im Rahmen der Sozialauswahl verglichen werden. Sollte ein **gemeinsamer Betrieb** mehrerer Unternehmen nach § 5 Abs. 2 BetrVG vorliegen, was der Fall ist, wenn zwei oder mehr räumlich voneinander entfernte Betriebe unter gemeinsamer, geplanter Lenkung hinsichtlich der Arbeitnehmer, der Betriebsmittel, etc. zusammen arbeiten, müssen die vergleichbaren Arbeitnehmer des (gesamten) gemeinsamen Betriebes miteinander verglichen werden. Das beachten Arbeitgeber oft nicht. In dem Fall ist die Sozialauswahl sofort falsch und Ihre Kündigung unwirksam! Die Anzahl der mit Ihnen vergleichbaren Arbeitnehmer vergrößert sich deutlich, wenn in Ihrem Arbeitsvertrag eine **Versetzungsklausel** enthalten ist: Dann müssen alle mit Ihnen vergleichbaren in allen Bereichen/Betrieben/Ländern verglichen werden, die die Versetzungsklausel erfasst – bei einer konzernweiten Versetzungsklausel z. B. der gesamte weltweite Konzern!

Nicht in die soziale Auswahl einbezogen werden:
- fremde Arbeitnehmer, d. h. Leiharbeitnehmer und Externe; denen muss vorrangig vor der eigenen Belegschaft gekündigt werden, wenn sie überhaupt eine vergleichbare Tätigkeit ausüben,
- Arbeitnehmer, die noch nicht die sechsmonatige zusammenhängende Wartezeit des KSchG erfüllt haben, was meist der Probezeit entspricht. Diesen muss immer vor Ihnen gekündigt werden, wenn sie vergleichbar mit Ihnen sind,
- Arbeitnehmer mit Sonderkündigungsschutz und
- Arbeitnehmer, die **Leistungsträger** sind, d. h. deren Weiterbeschäftigung, speziell wegen deren Kenntnisse, Fähigkeiten und Leistungen im Interesse des Arbeitgebers liegt (nur Herr Müller kann eine konkrete, sehr komplizierte Maschine bedienen) oder zur Sicherung einer ausgewogenen Personalstruktur (speziell Lebensalter). Das muss Ihr Arbeitgeber aber sehr genau begründen, was in

der Praxis zwar immer wieder versucht wird, im Ergebnis in den seltensten Fällen aber überzeugt. Sie sollten die Leistungsträgereigenschaft auch dadurch versuchen zu erschüttern, dass Sie entweder direkt oder nach einer Einarbeitungszeit, die Ihrer Kündigungsfrist entspricht, ebenfalls die Leistungsträgereigenschaft erwerben können. Das ist zwar juristisch nicht ganz zutreffend, kann aber durchaus auf offene Ohren treffen!

(2) Die soziale Auswahl im engeren Sinn:
Die Sozialauswahl im engeren Sinne findet statt, wenn die Gruppe der mit Ihnen zu vergleichenden Arbeitnehmer wie oben beschrieben ausfindig gemacht wurde. Anhand der **Kernkriterien**:

- Länge der Betriebszugehörigkeit,
- Lebensalter,
- Unterhaltspflichten und
- Schwerbehinderung

wird eine Rangliste des sozial Stärksten bzw. Schwächsten erstellt.
Die Kernkriterien stehen in keinem besonderen Verhältnis zueinander, d. h. Ihr Arbeitgeber kann alle vier Kriterien gleich oder bis zur Willkür unterschiedlich gewichten. Unwirksam wird die Sozialauswahl im engeren Sinne nur, wenn mindestens ein Kriterium so gut wie gar nicht beachtet wurde (Willkür).
Wenn eine größere Gruppe vergleichbarer Mitarbeiter überprüft wird, verwenden Arbeitgeber häufig ein Punkteschema. Für jedes der o. g. Kernkriterien wird dann eine bestimmte Punktzahl vergeben, daneben können weitere Punkte für **sonstige Kriterien**, z. B. besondere Härtefälle angesetzt werden (der Partner des zu kündigenden Mitarbeiters, Einkommenslosigkeit o. ä.). Die Punkte für die jeweiligen Kriterien werden für jeden einzelnen der vergleichbaren Arbeitnehmer addiert. Anhand der Endpunktzahl jedes einzelnen

vergleichbaren Mitarbeiters ergibt sich dann die Schutzbedürftigkeit. Derjenige mit den geringsten Punkten ist sozial am stärksten, so dass diesem vor einem anderen gekündigt werden muss, der mehr Punkte, also sozial schwächer ist. Gut beratene Arbeitgeber verwenden vom Bundesarbeitsgericht als zulässig beurteilte Punktetabellen, die dann von Ihnen und Ihrem Anwalt sorgfältig überprüft und nachgerechnet werden müssen!

Sollte Ihr Arbeitgeber einen Betriebs-/Personalrat haben, können zwischen beiden Parteien **Vorgaben nach § 95 BetrVG** vereinbart werden, wie die Kernkriterien bei betriebsbedingten Kündigungen ins Verhältnis gesetzt werden. Diese können durch das Gericht nur auf grobe Fehlerhaftigkeit, d. h. offensichtliche Fehleinschätzungen oder Willkür überprüft werden. Gleiches gilt, wenn ein Tarifvertrag die Gewichtung der Kernkriterien vorsieht. Beides ist aufgrund des Aufwandes in der Praxis aber sehr selten.

Sonderfall:
Die Betriebsänderung mit Massenentlassung
Sollen in Ihrem Betrieb sehr viele betriebsbedingte Kündigungen gegenüber eigenen Arbeitnehmern, d. h. nicht fremden Leiharbeitnehmern über Werkverträge in Ihrem Betrieb eingesetzte fremde Mitarbeiter oder Externen ausgesprochen werden, müssen über o. g. Voraussetzungen folgende weitere Punkte geprüft werden:

Achtung: Beachten Sie, dass als Arbeitnehmer auch Betriebsleiter und ähnliche leitende Personen, die zur selbstständigen Einstellung und Entlassung von Arbeitnehmern berechtigt sind, mitzählen, nicht aber die Kapitäne, d. h. Geschäftsführer, Vorstände, etc., die den Betrieb gesetzlich vertreten!
Im Fall der Insolvenz kann im Übrigen vereinfacht durch den Insolvenzverwalter gekündigt werden, s. Insolvenz.

(aa) Die Massenentlassungsanzeige:

Von **Massenentlassungen** im rechtlichen Sinn wird ausgegangen, wenn gemäß § 17 KSchG:

- in Betrieben mit in der Regel mehr als 20 und weniger als 60 Arbeitnehmern, mehr als fünf,
- in Betrieben mit in der Regel mindestens 60 und weniger als 500 Arbeitnehmern, 10 % oder mehr als 25,
- in Betrieben mit in der Regel mindestens 500 mindestens 30 Arbeitnehmer

binnen 30 Kalendertagen entlassen werden. Hierzu zählen aber nur betriebsbedingte Kündigungen und Aufhebungsverträge, die durch den Arbeitgeber veranlasst werden.

In diesem Fall muss Ihr Arbeitgeber – soweit vorhanden – dem Betriebs-/Personalrat rechtzeitig vor den Entlassungen Auskünfte erteilen und ihn insbesondere über:

- die Gründe für die geplanten Entlassungen,
- die Anzahl und die Berufsgruppen der zu entlassenen Arbeitnehmer,
- die Anzahl und die Berufsgruppen der durchschnittlich beschäftigten Arbeitnehmer,
- den Zeitraum, in dem die Entlassungen vorgenommen werden sollen und
- die vorgesehenen Kriterien für die Auswahl der zu entlassenen Arbeitnehmer sowie
- die vorgesehenen Kriterien für die Auswahl der zu Entlassenen

unterrichten. Darüber hinaus müssen Arbeitgeber und Betriebs-/Personalrat beraten, wie Entlassungen vermieden, eingeschränkt und deren Folgen gemildert werden können. Ferner ist Ihr Arbeitgeber verpflichtet der Agentur für Arbeit eine Abschrift von o. g. Mitteilung an Ihren Betriebs-/Personalrat und dessen Stellungnahme zu übermitteln. Ist keine Stellungnahme des Betriebs-/Personalrats vorhanden, muss Ihr Arbeitgeber glaubhaft machen, dass er den

Betriebs-/Personalrat mindestens zwei Wochen vor Erstattung der ebenfalls durch ihn vorzunehmenden **Massenentlassungsanzeige** gegenüber der Agentur für Arbeit unterrichtet hat und den Stand der Beratungen darlegen.
Die separate Massenentlassungsanzeige muss immer vor Ausspruch der Kündigungen erfolgen und Angaben über den Namen des Arbeitgebers, den Sitz und die Art des Betriebes enthalten; ferner die Gründe für die geplanten Entlassungen, die Anzahl und die Berufsgruppen der zu entlassenden sowie der durchschnittlich beschäftigten Arbeitnehmer. Zusätzlich sollen im Einvernehmen mit dem Betriebs-/Personalrat für die Arbeitsvermittlung Angaben über Geschlecht, Alter, Beruf und Staatsangehörigkeit der zu entlassenden Arbeitnehmer gemacht werden. Der Betriebs-/Personalrat erhält hiervon eine Kopie und kann gegenüber der Agentur für Arbeit weitere Stellungnahmen abgeben, die auch er als Kopie Ihrem Arbeitgeber zur Verfügung stellen muss.
Sollte in Ihrem Betrieb **kein Betriebs-/Personalrat** existieren, ist Ihr Arbeitgeber nur verpflichtet der Agentur für Arbeit die **Massenentlassungsanzeige** vor Ausspruch der Kündigungen zu erstatten. Die Anzeige muss ebenfalls Angaben über den Namen des Arbeitgebers, den Sitz und die Art des Betriebes enthalten; ferner die Gründe für die geplanten Entlassungen, die Anzahl und die Berufsgruppen der zu Entlassenden sowie der durchschnittlich beschäftigten Arbeitnehmer aufweisen. Der o. g. sonstige Rest ist bei fehlendem Betriebs-/Personalrat nicht notwendig.

Achtung: Sollte Ihr Arbeitgeber die Massenentlassungsanzeige **nicht richtig, unvollständig oder nicht** vor Ausspruch der betriebsbedingten Kündigungen gegenüber der Agentur für Arbeit **angezeigt** haben, sind sämtliche dieser betriebsbedingten Kündigungen direkt unwirksam!

Die betriebsbedingten Kündigungen können dann direkt nach Erstattung der Massenentlassungsanzeige ausgesprochen werden. Ihr Arbeitsverhältnis endet grundsätzlich nicht vor Ablauf der einmonatigen **Sperrfrist** gemäß § 18 Abs. 1 bzw. zwei Monate nach § 18 Abs. 2 KSchG, außer die Agentur für Arbeit hat die Sperrfrist auf Antrag Ihres Arbeitgebers verkürzt, da er bis zum Ablauf der regulären Kündigungsfrist Ihre Vergütung nicht zahlen kann. Üblicherweise enden die Arbeitsverhältnisse aber innerhalb der Freifrist von 90 Tagen nach Ablauf der Sperrfrist, wenn die regulären Kündigungsfristen enden, § 18 Abs. 4 KSchG.

Werden die Kündigungen nicht innerhalb von 90 Tagen nach Ablauf der Sperrfrist ausgesprochen, muss Ihr Arbeitgeber erneut eine Massenentlassungsanzeige erstatten, § 18 Abs. 4 KschG. Sollten deshalb nicht sämtliche Kündigungsfristen binnen der 90 Tage nach Ablauf der Sperrfrist enden, rügen Sie vor Gericht, dass die Massenentlassungsanzeige nach § 18 Abs. 4 KSchG hätte wiederholt werden müssen, was in der Praxis oft übersehen wird und immer zur Unwirksamkeit Ihrer Kündigung führt!

Nur beachten, wenn Ihr Betrieb über einen Betriebs-/Personalrat verfügt:

(bb) Die Betriebsänderung mit Massenentlassung:
Eine Betriebsänderung im Sinne von §§ 111ff BetrVG ist nur relevant, wenn ein Betriebs-/Personalrat besteht und das Unternehmen mindestens 20 wahlberechtigte Arbeitnehmer hat. Die Wahlberechtigung ist gegeben, wenn Arbeitnehmer des Betriebes 18 Jahre alt sind oder fremde Arbeitnehmer, die zur Arbeitsleistung überlassen werden (speziell Leiharbeitnehmer), länger als drei Monate im Betrieb eingesetzt werden, § 7 BetrVG.

Als **Betriebsänderung** gilt:
- die Einschränkung und Stilllegung des ganzen oder von wesentlichen Teilen eines Betriebs,
- die Verlegung des ganzen oder von wesentlichen Teilen des Betriebs,

- der Zusammenschluss mit anderen Betrieben oder die Spaltung von Betrieben,
- die grundlegende Änderung der Betriebsorganisation, des Betriebszwecks oder der -anlagen und
- die Einführung grundlegend neuer Arbeitsmethoden und Fertigungsverfahren.

Wird derartiges in Ihrem Betrieb geplant, muss Ihr Arbeitgeber Ihren Betriebs-/Personalrat u. a. **rechtzeitig und umfassend <u>vor</u> der Maßnahme unterrichten und beraten**, wenn diese wesentliche Nachteile für die Belegschaft oder erhebliche Teile der Belegschaft zur Folge haben kann. Das ist nur dann der Fall, wenn durch die Maßnahme so viele eigene Arbeitnehmer betroffen werden, so dass die **Schwellenwerte des § 17 KSchG** für die jeweilige Betriebsgröße überschritten werden. Sollten die Schwellenwerte des § 17 KSchG unterschritten werden, kann er dem freiwillig nachkommen. Ob Nachteile für die Belegschaft tatsächlich eintreten oder nicht, ist im Ergebnis irrelevant.

Ihr Arbeitgeber muss zusätzlich mindestens versucht haben den Abschluss eines **Interessenausgleich**s – d. h. einer Vereinbarung, in der die organisatorische Umsetzung der Betriebsänderung beschrieben wird, – und eines **Sozialplan**s – also die konkrete Ausgestaltung des Ausgleichs für die wesentlichen Nachteile der Belegschaft (Abfindungen, etc.) – mit dem Betriebs-/Personalrat zu erreichen. Hierfür ist er verpflichtet diesen abschließend informiert und Verhandlungen versucht zu haben. Hier bestehen sehr oft Streitigkeiten, ob das bereits der Fall war. Ein rechtlicher **Versuch** wird nämlich erst dann angenommen, wenn die Informationsphase über die Betriebsänderung und deren Folgen bereits abgeschlossen ist, die Verhandlungsphase bereits begonnen hat und durch Anrufung der Einigungsstelle ein Abschluss gescheitert ist. Das hat große Bedeutung, da sich Ihr Arbeitgeber nachteilsausgleichs-/<u>schadensersatz</u>pflichtig gegenüber Ihnen macht, wenn er die geplante Betriebsänderung durchsetzt, ohne einen Interessenausgleich zumindest versucht zu haben und durch die Maßnahme Arbeitnehmer entlassen werden oder andere wirtschaftliche Nachteile erleiden, § 113 BetrVG.

Ihr Betriebs-/Personalrat kann Ihren Arbeitgeber zwar bei Unterschreiten der Schwellengrenzen des § 17 KSchG nicht zum Abschluss eines Interessenausgleichs mit Sozialplan zwingen, er kann aber die Informations- und Verhandlungsphase zeitlich verzögern, ohne dass Ihr Arbeitgeber dagegen vorgehen kann. Solange kann Ihr Arbeitgeber einerseits die Betriebsänderung zeitlich noch nicht durchsetzen, andererseits würde er sich auch schadensersatzpflichtig machen, wenn er diese trotzdem durchführen oder auch nur beginnen sollte. Deshalb hat Ihr Arbeitgeber ein großes Interesse daran, den Interessenausgleich entweder abzuschließen oder zumindest rechtlich versucht zu haben.

- **Kommt der Interessenausgleich zustande**, wird er schriftlich von Arbeitgeber und Betriebs-/Personalrat unterschrieben. Hierbei kann die Einigung darin bestehen, das Interessenausgleichsverfahren einvernehmlich für beendet zu erklären. Die Parteien haben sich über die Betriebsänderung dann zwar immer noch nicht einigen können, aber mit dem Abschluss dieses **negativen Interessenausgleichs** ist die Verhandlung beendet, Ihr Arbeitgeber kann die Maßnahme umsetzen und macht sich nicht schadensersatzpflichtig. Die Einigung sieht dagegen meist einen Kompromiss der Arbeitgeber- und Betriebs-/Personalratsvorschläge vor, die in einem **positiven Interessenausgleich** schriftlich und von beiden unterzeichnet abgeschlossen werden. Auch dann kann Ihr Arbeitgeber die Betriebsänderung rechtmäßig ohne eine Schadensersatzverpflichtung umsetzen.

- **Kommt kein Interessenausgleich (und ggf. Sozialplan) zustande**, kann Ihr Arbeitgeber oder Ihr Betriebs-/Personalrat den Vorstand der Bundesagentur für Arbeit um Vermittlung ersuchen. Unterbleibt das oder bleibt auch der Vermittlungsversuch erfolglos, kann durch Ihren Arbeitgeber oder Betriebs-/Personalrat die Einigungsstelle angerufen werden. Die **Einigungsstelle** ist eine Art innerbetriebliches Gericht, in der eine Schlichtung bestimmter, für das Zusammenwirken und -arbeiten im Betrieb besonders wichtiger Themen in einer Schlichtung erreicht werden soll, §§ 76ff BetrVG. An der Einigungsstelle nehmen außer dem unparteiischen Vorsitzenden, der regelmäßig ein erfahrener Arbeitsrichter ist, auf jeder Seite maximal vier Beisitzer teil, die arbeitgeberseitig meist aus dem verantwortlichen Kapitän, d. h. Geschäftsführer o. ä., sachkundigen Führungskräften und einem Anwalt bestehen. Auf Arbeitnehmerseite nimmt der Betriebs-/Personalratsvorsitzende, ggf. weitere Betriebs-/Personalräte und ein rechtlicher Berater (Anwalt oder Gewerkschaftssekretär) teil. Die Anzahl der Beisitzer muss auf beiden Seiten gleich sein. Arbeitgeber und Betriebs-/Personalrat sollen Vorschläge zur Beilegung der Meinungsverschiedenheiten über den Interessenausgleich (und Sozialplan) machen.

- **Kommt unter Vermittlung der Einigungsstelle eine Einigung über den Interessenausgleich und Sozialplan zustande,** wird das schriftlich von allen Beteiligten vereinbart und Ihr Arbeitgeber kann die Betriebsänderung wie im Interessenausgleich und Sozialplan vereinbart rechtmäßig ohne Schadensersatzverpflichtung umsetzen.

- **Sollte nur eine Einigung bzgl. des Interessenausgleichs zustande gekommen sein,** entscheidet die Einigungsstelle über den Sozialplan. Das kann auch grundsätzlich durch den Betriebs-/Personalrat erzwungen werden, wenn die Betriebsänderung wirtschaftliche Nachteile für die Arbeitnehmer zur Folge hat. Sollen durch die Betriebsänderung aber ausschließlich betriebsbedingte Kündigungen und vom Arbeitgeber initiierte Aufhebungsverträge vorgenommen werden, müssen für die Entscheidung der Einigungsstelle und deren Erzwingbarkeit durch den Betriebsrat die in § 112a BetrVG genannten Schwellenwerte überschritten werden.

- **Kommt nur eine Einigung bzgl. des Sozialplans zustande**, erklärt der Vorsitzende das schriftlich. Hiermit ist die Einigungsstelle beendet und Ihr Arbeitgeber kann mit der Durchführung der Betriebsänderung rechtmäßig ohne Schadensersatzverpflichtung beginnen.

Bei einer **Abweichung** vom Interessenausgleich durch Ihren Arbeitgeber **ohne zwingenden Grund** können Sie eine Abfindung verlangen, wenn Sie infolge der Abweichung entlassen werden oder sonstige wirtschaftliche Nachteile erfahren, § 113 BetrVG.

 Beispiel: Interessenausgleich & Sozialplan im Fall einer Betriebsänderung mit betriebsbedingten Kündigungen:

Interessenausgleich
Zwischen der Geschäftsführung des Unternehmens, vertr. durch … und dem Betriebsrat, vertr. durch ... wird folgender Interessenausgleich vereinbart:

Präambel/Vorbemerkung:
Die wirtschaftliche Situation auf dem Markt hat sich dahingehend geändert, dass … . Die Geschäftsführung musste sich daher entschließen … . Der Betriebsrat sieht nach Abwägung aller möglichen Alternativen keine Möglichkeit nachfolgende Maßnahmen zu vermeiden.

1. Geltungsbereich:

Dieser Interessenausgleich gilt räumlich für den Standort ... und persönlich für die in diesem Betrieb beschäftigten Arbeitnehmer, deren Arbeitsplätze von der beabsichtigten Betriebsänderung betroffen sind. Auf leitende Angestellte im Sinne des § 5 Abs. 3 BetrVG findet dieser Interessenausgleich keine Anwendung.

2. Gegenstand:

Aufgrund ... kommt es zum Ausspruch von ... betriebsbedingten Beendigungskündigungen.

Hierbei handelt es sich um folgende Abteilungen:

- ...-Abteilung   … Kündigungen
- ...-Abteilung   … Kündigungen

Allen Mitarbeitern wird unter Einhaltung der jeweils geltenden ordentlichen Kündigungsfrist aus betriebsbedingten Gründen gekündigt.

Die Arbeitnehmer, denen gegenüber aufgrund der vorstehend beschriebenen Betriebsänderung eine betriebsbedingte Beendigungkündigung ausgesprochen wird, werden in **Anlage 1** zu diesem Interessenausgleich namentlich benannt.

Die Kündigung von Beschäftigten aus wichtigem Grund, verhaltens- oder personenbedingten Gründen bleibt von diesen Regelungen unberührt.

3. Kriterien der Sozialauswahl:

Die Sozialauswahl erfolgt gemäß folgendem Schema:

- Alter: ein Punkt pro Lebensjahr, max. 55 Punkte
- Betriebszugehörigkeit: 1 ½ Punkte pro Jahr bis 10 Jahre, zwei Punkte ab dem 11. Beschäftigungsjahr, max. 75 Punkte
- Unterhaltspflichten: fünf Punkte je unterhaltspflichtigem Kind lt. Lohnsteuerkarte, vier Punkte für Verheiratete

- Schwerbehinderung: ein Punkt je 10 % GdB

Für die Berechnung der Betriebszugehörigkeit und des Alters werden die vollen Jahre zum Stichtag ... in Ansatz gebracht.

4. Anderweitige Beschäftigungsmöglichkeiten in anderen Unternehmensbereichen:
Für den Fall, dass bis zur geplanten Betriebsänderung freie Arbeitsplätze in andern Unternehmensbereichen am Standort ... vorhanden sind oder entstehen, wird das Unternehmen die von der Betriebsänderung betroffenen Arbeitnehmer darüber informieren und ihre Bewerbung bei Vorhandensein der erforderlichen beruflichen Qualifikation gegenüber Bewerbungen Dritter bevorzugt berücksichtigen, § 1 Abs. 2 Nr. 1b KSchG.
Sofern ein Mitarbeiter auf einem freien Arbeitsplatz in anderen Unternehmensbereichen des Unternehmens weiterbeschäftigt wird, stimmt der Betriebsrat dieser Versetzung automatisch zu.

5. Investitionen in Steigerung der Wettbewerbstätigkeit:
Die Geschäftsführung gibt die Zusage im Interesse der Verbesserung der Wettbewerbsfähigkeit bis zum ... am Standort ... ...-investitionen in Höhe von ... € zu tätigen.
Die Geschäftsführung wird den Betriebsrat vierteljährlich über die Maßnahmen unterrichten.

6. Outsourcing:
Ein Outsourcing des Bereichs ... wird für die Zeit bis zum ... ausgeschlossen.

45

7. Beschäftigungssicherung:

Bis zum ... sind betriebsbedingte Kündigungen in den Abteilungen ... ausgeschlossen bzw. nur mit Zustimmung des Betriebsrats möglich.

8. Ausbildung:

Rechtzeitig vor Beginn des Ausbildungsjahres treffen sich die Betriebsparteien, um im Rahmen eines Gesprächs die Standpunkte hinsichtlich des aktuellen Ausbildungsbedarfs auszutauschen. Auch in Zukunft soll im Rahmen der betrieblichen Möglichkeiten zwecks Deckung des eigenen Fachkräftebedarfs ausgebildet werden.

9. Sozialplan:

Zum Ausgleich oder zur Milderung der wirtschaftlichen Nachteile, die den Arbeitnehmern infolge der geplanten Betriebsänderung entstehen, werden die Parteien einen Sozialplan abschließen. Zusätzlich ist in diesem auch die Gründung und Durchführung einer Transfergesellschaft vereinbart. Diese steht unter dem Vorbehalt der Gewährung des Transferkurzarbeitergeldes durch die Agentur für Arbeit.

10. Abschließende Regelungen:

Es besteht Übereinstimmung darüber, dass mit diesen Bestimmungen der Interessenausgleich nach den Regelungen des BetrVG abschließend geregelt ist.

Beide Parteien erklären die Verhandlungen zur Herbeiführung eines Interessenausgleichs für beendet.

Die Mitbestimmungsrechte des Betriebsrats nach § 102 BetrVG sind von diesem Interessenausgleich nicht erfasst.

11. Anzeigepflichtige Entlassungen:

Mit der Unterzeichnung dieses Interessenausgleichs ist die Mitwirkung des Betriebsrats bei der Anzeige-

46

pflicht von Entlassungen gemäß § 17 Abs. 2 KSchG abgeschlossen.

12. Inkrafttreten und Laufzeit:

Der Interessenausgleich tritt mit seiner Unterzeichnung in Kraft und gilt bis zum Abschluss aller im Zusammenhang dieser Betriebsänderung stehenden Maßnahmen.

Ort, Datum
Unterschrift Unternehmen   Unterschrift Betriebs-
ratsvorsitzender

Sozialplan
Zwischen der Geschäftsführung des
Unternehmens ..., vertr. durch ... und dem Betriebsrat, vertr. durch ...
wird folgender Sozialplan vereinbart:

Präambel/Vorbemerkung:

Dieser Sozialplan regelt den Ausgleich der wirtschaftlichen Nachteile, die Arbeitnehmern des Betriebs in ... durch die im Interessenausgleich vom ... beschriebene Betriebsänderung entstehen können.

1. Geltungsbereich:

Der Sozialplan gilt für alle Arbeitnehmer des Unternehmens im Sinne von § 5 Abs. 1 BetrVG die zum Zeitpunkt der Unterzeichnung dieser Vereinbarung in einem ungekündigten Arbeitsverhältnis zum Unternehmen stehen.

Diese Regelungen gelten nicht für Arbeitnehmer gemäß § 5 Abs. 3 BetrVG und für Beschäftigte, deren Arbeitsverhältnis aus einem nicht betriebsbedingten Grund endet.

Keine Ansprüche aus dem Sozialplan haben Arbeitnehmer,

- deren Arbeitsverhältnis aus verhaltens- oder personenbedingten Gründen endet,
- aufgrund außerordentlicher Kündigung endet,
- denen vor dem ... gekündigt wurde,
- mit denen vor dem ... eine Aufhebungsvereinbarung oder ein Abwicklungsvertrag geschlossen wurde,
- Arbeitnehmer, die das Arbeitsverhältnis selbst vor dem ... gekündigt haben,
- Arbeitnehmer, die in einem befristeten Arbeitsverhältnis stehen und deren Arbeitsverhältnis ohne Kündigung endet oder
- Arbeitnehmer, die aufgrund des Bezugs von Altersrente aus dem Unternehmen ausscheiden.

2. Abfindung:

Der Mitarbeiter, dem kein zumutbares Arbeitsplatzangebot gemacht werden kann, erhält im Fall einer betriebsbedingten Kündigung eine Abfindung gemäß folgender Regelung:
Stichtag ist jeweils der Austrittsmonat, angefangene Monate werden jeweils voll auf einen Monat gerechnet.

a) Grundabfindung:
Abfindung = Betriebszugehörigkeit * Bruttomonatsentgelt * Faktor 0,5

Das Bruttomonatsentgelt ist das reguläre Bruttoeinkommen mit Schichtzuschlägen, das der Arbeitnehmer bezieht. Für die Berechnung der Betriebszugehörigkeit werden die vollen Jahre bis zum Stichtag ... angenommen.

b) Zusatzzahlung:
Für jedes unterhaltsberechtigte Kind auf der Steuerkarte wird eine zusätzliche Abfindung von ... € brutto gezahlt.
Anerkannt Schwerbehinderte oder Schwerbehinderten Gleichgestellte erhalten je 10 % GdB eine zusätzliche Abfindung von ... € brutto.

c) Begrenzung:
Bei einer Abfindung über ... € brutto wird der diesen Betrag übersteigende Betrag nur zur Hälfte angerechnet. Die Abfindungssumme wird auf maximal ... € brutto begrenzt.

Teilzeitbeschäftigte erhalten die Abfindung entsprechend ihres tatsächlichen Entgelts. Sie erhalten den Grundbetrag und eventuelle Zuzahlungen anteilig im Verhältnis ihrer Wochenarbeitszeit zur regelmäßigen Wochenarbeitszeit eines Vollzeitarbeitnehmers.

3. Zusätzliche Regelungen:
Mitarbeiter, die nicht zur betriebsbedingten Kündigung anstehen, freiwillig einen Aufhebungsvertrag unterzeichnen und dadurch eine betriebsbedingte Kündigung verhindern, erhalten eine Abfindung von ... € brutto.
Scheiden Mitarbeiter, denen betriebsbedingt gekündigt wurde und die nicht in die Transfergesellschaft wechseln, vor Ablauf der für sie geltenden ordentlichen Kündigungsfrist mit Zustimmung der Gesellschaft aus, erhöht sich deren Abfindungszahlung für jeden vollen Monat, den sie das Unternehmen vor Ablauf der Kündigungsfrist verlassen um den hälftigen Betrag, der als Bruttomonatsentgelt bis zur Beendigung des Arbeitsverhältnisses fällig gewesen wäre.
Alle Beschäftigen erhalten ein qualifiziertes Zwischen- und Endzeugnis.

Mit dem Ausscheiden erhalten alle Anspruchsberechtigten eine aktualisierte Berechnung ihrer betrieblichen Altersversorgung.

4. Transfergesellschaft:

Aufgrund der Betriebsänderung verständigen sich die Gesellschaft und der Betriebsrat auf die Erreichtung einer Transfergesellschaft (TG), deren Trägerin die ... ist.

Die TG hat die Aufgabe, die Mitarbeiter zu unterstützen bei:

- der beruflichen Neuorientierung,
- einer allgemeinen Grundqualifizierung,
- dem Erwerb von Kenntnissen für Bewerbungen bei der Arbeitsplatzsuche,
- der Arbeitsplatzsuche selbst,
- der individuellen Qualifizierung sowie
- der Vorstellung bei potentiell neuen Arbeitgebern.

Die Errichtung der TG setzt voraus, dass die Bundesagentur für Arbeit Transferkurzarbeitergeld für die Maßnahme gemäß § 110 SGB III bewilligt.

Der Wechsel in die TG wird allen Mitarbeitern angeboten, die von einer betriebsbedingten Kündigung bedroht sind und nicht durch Aufhebungsvertrag oder Eigenkündigung ausgeschieden sind oder ausscheiden und die die persönlichen Voraussetzungen für die Bewilligung von Transferkurzarbeitergeld erfüllen. Der Wechsel in die TG ist freiwillig. Beschäftigte, die Kündigungsschutzklage erhaben haben, können nicht in die TG eintreten.

Der Wechsel in die TG erfolgt aufgrund des im **Anhang 2** aufgeführten dreiseitigen Vertrages unter Beteiligung des Unternehmens, des jeweilig berechtigten Mitarbeiters und der TG.

Stellen die Parteien nach Unterzeichnung der Verträge fest, dass die Voraussetzungen für ein Arbeitsverhältnis des Mitarbeiters mit der TG nicht vorliegen, führt dies zur Unwirksamkeit des Arbeitsvertrages mit der TG und des Aufhebungsvertrages mit dem jeweiligen Unternehmen. Entfallen die Voraussetzungen für das Arbeitsverhältnis mit der TG zu einem späteren Zeitpunkt, führt dies nur zur Unwirksamkeit des Arbeits- und Aufhebungsvertrages, wenn das jeweilige Unternehmen dies zu vertreten hat. In allen genannten Fällen wird das Arbeitsverhältnis betriebsbedingt gekündigt.

Im Zuge der beschriebenen Maßnahme wird eine TG zum ... eingerichtet. In diese können die bis zum ... gekündigten Beschäftigten mit Wirkung ab dem ... wechseln. Für die Beschäftigten, die in der Zeit vom ... bis ... gekündigt werden, wird zum ... des Folgemonats der Kündigung eine zweite TG eingerichtet. Vor dem Wechsel in die TG werden mit den Mitarbeitern, die das Angebot zum Wechsel in die TG angenommen haben, Profilingmaßnahmen im Sinne des §§ 110, 216a SGB III im ... durchgeführt. Für die Zeit des Profilings bleiben die Mitarbeiter Arbeitnehmer des Unternehmens, werden von der Pflicht zur Arbeitsleistung im erforderlichen Umfang entbunden und erhalten ihr Entgelt fort.

Die Gesellschaft beteiligt sich an der TG mit einer Summe in Höhe der Arbeitnehmerbruttovergütungen der in die TG wechselnden Arbeitnehmer während der ordentlichen Kündigungsfrist. Die finanzielle Beteiligung des Unternehmens an der TG beschränkt sich auf diesen Betrag.

Nach endgültiger Festlegung der Rahmenbedingungen der TG mit der Arbeitsagentur werden die Betriebsparteien zu diesem Thema eine ergänzende Vereinbarung schließen, z. B. betreffend die Frage der individuellen Verweildauer.

5. Regelung bei Anrechnungen und Sperrzeit:

Unter bestimmten Umständen können für die Arbeitnehmer sozialversicherungsrechtliche Nachteile beim Abschluss eines Aufhebungsvertrages entstehen. Diese sind primär, dass eine Sperrzeit verwirkt sein kann oder die Abfindung auf das Arbeitslosengeld angerechnet wird. Den Arbeitnehmern wird daher empfohlen vor Abschluss eines Aufhebungsvertrages rechtsverbindliche Auskünfte bei der Agentur für Arbeit einzuholen. Die entsprechenden Formblätter sind in der Personalabteilung verfügbar.

6. Fälligkeit und Behandlung der Sozialplanleistungen:

Einmalige Zahlungen entstehen zum Zeitpunkt der rechtlichen Beendigung des Arbeitsverhältnisses. Sie können zuvor nicht übertragen und vererbt werden. Die Ansprüche werden mit der Entstehung, frühestens einen Monat nach Ausspruch der Kündigung, fällig.

Erhebt ein Arbeitnehmer gegen die Wirksamkeit der ausgesprochenen Kündigung Klage oder wehrt er sich in anderer Weise gegen die Beendigung des Arbeitsverhältnisses, so werden die Ansprüche aus dem Sozialplan erst dann fällig, wenn die Rechtswirksamkeit der Kündigung rechtskräftig gerichtlich festgestellt worden ist oder durch Vereinbarung der Beendigungszeitpunkt feststeht. Dies gilt auch, wenn der Mitarbeiter Klage gegen einen Dritten erhebt, an den z. B. sachliche oder immaterielle Betriebsmittel des Standortes ... veräußert wurden.

Wird eine solche Klage eingereicht nachdem die Abfindung bereits ausgezahlt wurde, ist diese mit Erhebung der Klage unter Ausschluss von Zurückbehaltungsrechten zur Rückzahlung fällig.

Auf Leistungen aus diesem Sozialplan sind etwaige gesetzliche, tarifvertragliche, andere kollektiv- oder individualvertragliche Abfindungen, Nachteilaus-

gleichsansprüche oder sonstige Entschädigungszahlungen anzurechnen.
Die Gesellschaft ist berechtigt, die Leistungen aus dem Sozialplan mit eventuellen eigenen Ansprüchen zu verrechnen.

7. Schlussbestimmungen:

Sollten einzelne Bestimmungen dieser Vereinbarung unwirksam sein oder werden, so bleiben die übrigen Bestimmungen in Kraft. Die Parteien verpflichten sich in einem solchen Fall anstelle der unwirksamen Bestimmungen eine Regelung zu treffen, die dem von den Parteien mit der ersetzten Regelung Gewollten möglichst nahe kommen. Entsprechendes gilt im Fall einer Regelungslücke und falls eine der vorstehenden Regelungen undurchführbar sein oder werden sollte.
Ergänzungen und Änderungen bedürfen der Schriftform.
Alle Anlagen sind Bestandteil dieser Vereinbarung.
Diese Vereinbarung tritt mit Unterzeichnung in Kraft und hat Gültigkeit bis zur vollständigen Umsetzung der in dieser Vereinbarung beschriebenen Maßnahmen, mindestens aber bis zum ... . Bis zu diesem Zeitpunkt ist diese Vereinbarung unkündbar, danach gelten die Kündigungsfristen des BetrVG.

Ort, Datum
Unterschrift Unternehmen   Unterschrift Betriebs-
                             ratsvorsitzender
Anlagen

Achtung: Werden infolge der Betriebsänderung – wie üblich – betriebsbedingte Kündigungen ausgesprochen, kann der Interessenausgleich mit einer **Namensliste** der konkret zu kündigenden Arbeitnehmer verbunden werden.

In diesem Fall greift die gesetzliche Vermutung, dass die Kündigungen durch dringende betriebliche Erfordernisse im Sinne des KSchG bedingt ist, § 1 KSchG. Die Sozialauswahl kann dann nur noch auf grobe Fehlerhaftigkeit vom Gericht überprüft werden und Sie als Arbeitnehmer tragen die volle **Beweislast**! Grobe Fehlerhaftigkeit meint hier, dass z. B. einzelne Arbeitnehmer vergessen wurden, die Sozialauswahl willkürlich war o. ä., s. Sozialauswahl.

Liegt eine Betriebsänderung im Sinne von § 111 BetrVG vor – unabhängig von der Betriebsgröße und der Anwendbarkeit des BetrVG –, können bei Bedarf Transfermaßnahmen sowie Transferkurzarbeitergeld in Anspruch genommen werden:

- **Transfermaßnahmen** sind primär Schulungen, die Ihnen bei einer konkret drohenden Entlassung den Arbeitswechsel zu einem anderen Arbeitgeber mit einem teilweise anderen Berufsbild ermöglichen bzw. erleichtern sollen, § 110 SGB III. Die **Schulungen** betreffen z. B. Bewerbungs-, Fremdsprachen- und praktische Kurse. An den Kosten beteiligt sich die Agentur für Arbeit in Höhe von 50 %, maximal aber 2.500 €; die restlichen 50 % werden von Ihrem Arbeitgeber übernommen.

- **Transferkurzarbeitergeld** dient dazu bei betrieblichen Restrukturierungen Entlassungen zu vermeiden und Ihre Vermittlungschancen auf dem Arbeitsmarkt zu verbessern, § 111 SGB III. Während der Transferkurzarbeitergeldzahlung erhalten Sie von Ihrem Arbeitgeber **Vermittlungsvorschläge** für andere Arbeitsstellen **und berufliche Weiterbildungsmaßnahmen**. Transferkurzarbeitergeld wird für die Dauer von einem Jahr gewährt.

Sonderfall:
Der gesetzliche Abfindungsanspruch bei der betriebs-
bedingten Kündigung
Kündigt Ihnen Ihr Arbeitgeber aus betriebsbedingten Gründen und klagen Sie hiergegen <u>nicht</u>, können Sie mit dem
Ablauf Ihrer individuellen Kündigungsfrist eine (gesetzlich
geregelte) Abfindung verlangen, § 1 a KSchG. Bei § 1 a
KSchG handelt es sich um einen gesetzlich geregelten Auf-
hebungs-/Abwicklungsvertrag für eine betriebsbedingte
Kündigung.
Die **Höhe** der Abfindung beträgt ½ <u>Bruttomonatsverdienst</u>
für jedes volle Jahr Ihres bestehenden Arbeitsverhältnisses;
bei angefangenen Jahren werden diese aufgerundet, wenn
mehr als sechs Monate vollendet sind und abgerundet,
wenn weniger als sechs Monate gegeben sind.
Vom **Prozedere** muss Ihr Arbeitgeber Ihnen mit Ausspruch
der schriftlichen betriebsbedingten Kündigung ebenfalls
schriftlich den Verzicht auf Ihre Klage und die Abfindung
konkret anbieten.

 Beispiel: Kündigung nach § 1 a KSchG:
Sehr geehrte(r) Herr/Frau ...,

hiermit kündigen wir das mit Ihnen bestehende Ar-
beitsverhältnis (ggf. ordentlich) zum ... (oder zum
nächstmöglichen Termin).
Die Kündigung erfolgt aus dringenden betrieblichen
Gründe. Sollten Sie gegen diese Kündigung nicht
klagen und die Klagefrist ablaufen lassen, erhalten
Sie eine Abfindung von ... € brutto.
Wenn ein Betriebs-/Personalrat besteht zusätzlich:
Die Rechte des Betriebs-/Personalrats wurden ge-
wahrt.
Ggf.: Hinweis auf Arbeitssuchend- und Arbeitslos-
meldung.

Mit freundlichen Grüßen

55

Ort, Datum   Unterschrift Unternehmen

§ 1 a KschG kommt in der Praxis selten zur Anwendung, weil es für Ihren anbietenden Arbeitgeber immer mit einem Risiko verbunden ist, ob Sie tatsächlich gegen die betriebsbedingte Kündigung klagen oder nicht.
Deshalb wird direkt eine Kündigung ausgesprochen und abgewartet, ob Sie klagen. Klagen Sie nicht – solche Fälle gibt es bei rechtlich nicht beratenen Arbeitnehmern (!) – hat Ihr Arbeitgeber Sie draußen und eine Abfindung gespart. Klagen Sie, wird entweder nur die Rechtmäßigkeit der Kündigung geprüft und ein Urteil gesprochen oder – üblicherweise – ein Vergleich mit Abfindung gezahlt. Alternativ dazu bieten Ihnen viele Arbeitgeber bereits vor Ausspruch einer Kündigung, die immer mit höherem Aufwand und der ungewissen Entwicklung eines Rechtsstreits verbunden ist, einen Aufhebungsvertrag mit Abfindung an.

dd)Die ordnungsgemäße Betriebs-/Personalratsanhörung:
Existiert in Ihrem Betrieb ein Betriebs-/Personalrat, muss dieser ordnungsgemäß zur Kündigung angehört worden sein, s. Betriebs-/Personalratsanhörung.
Mit Ihrem Betriebs-/Personalrat sollten Sie sich vor, aber in jedem Fall bei bereits erfolgter Kündigung in Verbindung setzen, um möglichst Detail- und Hintergrundinformationen zu erfahren. Schließen Sie sich auch mit von Kündigungen betroffenen oder nicht betroffenen Kollegen zum Infoaustausch zusammen.
Hierdurch können Sie Ihre Chancen gegen die Kündigung vorzugehen oft deutlich erhöhen, weil Sie unabhängig von rechtlichen Fehlern auch tatsächliche Defizite aus erster Hand erfahren können!

ee) Die abschließende Interessenabwägung:
Wie bei jeder Kündigung muss in der abschließenden Interessenabwägung das Interesse des Arbeitgebers an der Beendigung des Arbeitsverhältnisses mit Ihrem Interesse an der Fortsetzung abgewogen werden.
Das ist eher ein knapper pro und contra Schulaufsatz als Abschlussfeststellung, der häufig weggelassen wird. Sollte das aber ganz fehlen, rügen Sie es als fehlerhaft im Rahmen des Gerichtsverfahrens!

c) Die besonderen Voraussetzungen der verhaltensbedingten Kündigung:
Die verhaltensbedingte Kündigung wird ausgesprochen, wenn Ihnen eine Pflichtverletzung vorgeworfen werden kann, Sie also Mist gebaut haben.
Sie ist in der Praxis simpel und schnell zulässig, da Ihre Pflichtverletzung oft einfach überprüft und durch Ihren Arbeitgeber **bewiesen** werden kann.
Die verhaltensbedingte Kündigung ist sozial gerechtfertigt, d. h. rechtlich zulässig und beendet somit Ihr Arbeitsverhältnis, wenn über die allgemeinen, folgende besondere Voraussetzungen bejaht werden müssen:

aa) Die Pflichtverletzung:
Sind Sie zu spät gekommen, haben Kollegen oder andere Personen beleidigt, falsche Spesen abgerechnet, etc., haben Sie sich hierdurch rechtlich nicht ordnungsgemäß verhalten und deshalb Ihre Arbeitspflichten verletzt.
Es ist dabei gleichgültig, ob Sie Hauptleistungspflichten – also Pflichten, die direkt das Verhältnis Geld gegen Arbeit betreffen – oder wesentliche Nebenleistungspflichten, z. B. kein Eigentum Ihres Arbeitgebers zu beschädigen, verletzt haben.
Auch ob Sie vorsätzlich, d. h. mit Wissen und Wollen, oder nur fahrlässig, also mehr oder weniger nachlässig, handelten, ist egal. Es kommt einzig auf die eingetretene Pflicht-

verletzung an, die üblicherweise einfach nachgeprüft und bewiesen werden kann.

Sonderfall:
Die Verdachtskündigung
Auch die Verdachtskündigung ist eine verhaltensbedingte Kündigung. Bei ihr besteht die Besonderheit, dass zwar nur ein begründeter Verdacht einer Pflichtverletzung durch Sie vorliegt, die Pflichtverletzung aber derart schwerwiegend ist, dass bereits der begründete Verdacht Ihre Kündigung rechtfertigt. Das betrifft regelmäßig Straftaten, z. B. Diebstahl, Betrug, Körperverletzung, Sachbeschädigung, etc.
Entscheidend ist hierbei, dass ein **dringender Verdacht** vorliegen muss, d. h. Ihr Arbeitgeber hat eigene Ermittlungen angestellt, die den Verdacht deutlich erhärten, z. B. wurde nicht nur zufällig bemerkt, dass der Ihnen anvertraute Schlüssel zum Unternehmenstresor fehlt, sondern Ihr Kollege Meier hat ausgesagt, Sie hätten diesen am Donnerstag, 02.01., nach der Arbeit mit nach Hause genommen.
Weitere Voraussetzung ist, dass Ihr Arbeitgeber alles ihm aktuell Zumutbare zur Aufklärung unternommen haben muss. Insbesondere muss er Sie **zum Vorwurf anhören** und Ihnen die Möglichkeit geben sich zu entlasten. Erst nachdem er das getan hat, was auch unbürokratisch telefonisch erfolgen kann, und Sie den Verdacht nicht aus der Welt schaffen konnten, kann er die Verdachtskündigung zulässigerweise aussprechen.
Da es sich hierbei regelmäßig um schwerwiegende Taten handelt, ist immer eine **Abmahnung** entbehrlich. Auch überwiegt im Rahmen der abschließenden **Interessenabwägung** aufgrund der Schwere der Tat das Beendigungsinteresse des Arbeitgebers gegenüber Ihrem Interesse an der Fortsetzung des Arbeitsverhältnisses. Bei Bestehen eines Betriebs-/Personalrates muss dieser natürlich explizit zur Verdachtskündigung angehört werden, s. Betriebs-/Personalratsanhörung.

Da der Verdachtskündigung im Gegensatz zur Tatkündigung, bei der Sie den Vorwurf eingestanden haben oder die (Straf-)Tat auf andere Weise bewiesen ist, nur Indizien zugrunde liegen, ist das Risiko für Ihren Arbeitgeber hierbei hoch vor Gericht zu unterliegen. Es ist für den Arbeitgeber in der Praxis problematisch, ob zunächst **polizei- und staatsanwaltliche Ermittlungen abgewartet** werden oder direkt gekündigt werden soll. Ferner ist es für Ihren Arbeitgeber bei bestehendem Betriebs-/Personalrat schwierig die Anhörungsfristen einzuhalten, speziell bei einer fristlosen Kündigung, bei der Ihr Arbeitgeber nur zwei Wochen Zeit hat, nachdem er von dem Kern des Kündigungsgrundes Kenntnis erlangte.

Aus diesen Gründen werden in der Praxis von professionellen Arbeitgebern selten Verdachtskündigungen ausgesprochen. Vielmehr wird meist eine Aufklärung, die zum Beweis und damit einer Tatkündigung führt, abgewartet. Aufgrund vorgenannter Unsicherheit für Ihren Arbeitgeber werden teilweise aber auch **mehrere Verdachts- und Tatkündigungen gestaffelt** nach zunehmendem Kenntnisstand Ihres Arbeitgebers ausgesprochen. Für Sie bedeutet das wie immer: **Gegen jede (Verdachts- und Tat-)Kündigung klagen**, da ansonsten eine nicht angegriffene Kündigung Ihr Arbeitsverhältnis definitiv beendet (Schrotflintenprinzip)!

Sonderfall:
Die Druckkündigung
Von einer Druckkündigung wird gesprochen, **wenn**:
- Sie als Arbeitnehmer – überwiegend verhaltensbedingt, selten personen-/krankheitsbedingt – Störungen im Betrieb verursachen,
- sich mehrere Arbeitnehmer Ihres Arbeitgebers gegen Sie verbünden und
- von Ihrem Arbeitgeber verlangen, dass Ihnen gekündigt wird, da ansonsten die Druck auf Ihren Arbeitgeber ausübenden Arbeitnehmer selbst kündigen werden.

Achtung: Derartige Fälle sind in der Praxis selten, da die Kündigungsandrohung der Verbündeten fast nie dazu führt, dass diese tatsächlich kündigen. Das ist der entscheidende Punkt: Teilweise treten Arbeitgeber auf Sie zu und schildern, dass sie aus o. g. Gründen nicht anders können, als Ihnen zu kündigen. Falsch!

Zunächst muss die Kündigungsdrohung der Anderen ganz handfeste Züge annehmen. Hierunter fallen keine – ggf. durch Ihren Arbeitgeber fingierten – Unterschriftenlisten, dass die Anderen gehen, wenn Ihnen nicht gekündigt wird oder vermehrte Kranken-/Urlaubsausfälle eintreten. Es müssen vielmehr **greifbare Formen** vorliegen, dass die Kündigung(en) tatsächlich eintreten, z. B. durch den ersten Kündigungsausspruch, konkrete Bewerbungsnachweise der Anderen gegenüber Ihrem Arbeitgeber, etc. Solche Aktivitäten muss Ihnen der Arbeitgeber sofort mitteilen und schriftlich **beweisen!**

Solche Fälle sind aber unangenehm, da sie sich zumeist nach einer langen schwelenden und arbeitgeberseitig nicht erkannten bzw. entzerrten Vorgeschichte zwischen Kollegen oder Untergebenen und einem Vorgesetzten im Zusammenhang mit Mobbing, schlechter Stimmung im Betrieb, mangelnder Kommunikation zwischen den Parteien, etc. ereignen. Selbst wenn Sie im akuten Fall einer Kündigung entgehen können, sollten Sie intensiv **gewarnt sein,** dass Sie entweder Ihr Verhalten überdenken und ggf. ändern oder eine Art sachliches Tagebuch führen, um Ihr und das Verhalten von Anderen konkret beschreiben zu können, um so für (meist) abstrakte Gründe, Vorwürfe und Maulereien gerüstet zu sein. Trotzdem: Situationen entwickeln sich entweder zum Positiven oder zum Negativen; sollte es ein wiederkehrendes Spießrutenlaufen werden und Sie weder bei Kollegen, Führungspersonen und dem Chef Rückhalt haben, denken Sie über einen Arbeitsplatzwechsel nach, unabhängig von Verbesserungs-/Konfliktgesprächen oder einer theoretischen Klage wegen Mobbing, s. Mobbing.

Sonderfall:
Die Drohkündigung
Die Drohkündigung beschreibt eine besondere Situation, stellt aber keinen separaten Kündigungsgrund dar.
Kennzeichnend ist hierfür, dass Ihr **Arbeitgeber mit** einer **Arbeitgeberkündigung droht, sollten Sie nicht** zeitnah einen **Aufhebungsvertrag abschließen oder** eine **Eigenkündigung aussprechen**.
In der Praxis ergeben sich solche Situationen, wenn Ihr Arbeitgeber Ihnen in einem Gespräch Ihre Kündigung präsentiert oder davon spricht und gleichzeitig im räumlich/zeitlichen Zusammenhang von Ihnen die Unterschrift zu einem Aufhebungsvertrag oder Ihre Eigenkündigung verlangt.
Ein solches Arbeitgeberverhalten ist rechtlich immer unwirksam, wenn der Grund bzw. Anlass Sie zum Aufhebungsvertrag bzw. Ihrer Eigenkündigung zu verleiten nicht für einen Kündigungsgrund ausreichend ist und ein objektiver Arbeitgeber deshalb eine Arbeitgeberkündigung nicht in Erwägung gezogen hätte. Sollte der Kündigungsgrund dagegen objektiv für eine zulässige Kündigung ausreichen, ist das zackige Verhalten des Arbeitgebers jedenfalls juristisch nicht zu beanstanden.

Beides kommt mittlerweile selten vor und ist nur bei rechtlich nicht erfahrenen Arbeitgebern oder solchen zu erwarten, die Sie **bluffen** wollen.
Ihnen kann hierbei nicht allzu viel geschehen, auch wenn die Situation unangenehm ist. Selbstverständlich steht Ihnen das Recht zu ohne Begründung – soweit vorhanden – den Betriebs-/Personalrat bzw. **Person**en **Ihres Vertrauens** (sachliche Kollegen, sachliche Familienmitglieder, Anwalt) **hinzuzuziehen**. Sollte das durch Ihren Arbeitgeber nicht akzeptiert werden, lehnen Sie das Gespräch ab und nehmen

die ggf. von Ihrem Arbeitgeber vorbereiteten Unterlagen (Kündigung und/oder Aufhebungsvertrag) entgegen ohne etwas zu unterschreiben. Falls Ihnen die Unterlagen nicht mitgegeben werden sollen, lassen Sie diese liegen. Ansonsten nehmen Sie das Gespräch wahr, hören sich alles in Ruhe an, machen aber weder Aussagen in tatsächlicher oder sonstiger Hinsicht ohne unfreundlich oder auffällig zu sein; natürlich lassen Sie sich auch nicht provozieren und **unterschreiben nichts**. Da Sie ohne Anwalt in den seltensten Fällen – auch wenn konkrete Vorgespräche stattgefunden haben – die Situation komplett juristisch einschätzen können und vor allem nicht wissen, was noch auf Sie lauert, nehmen Sie entweder die Kündigung und/oder den Aufhebungsvertrag in Ruhe mit nach Hause mit, um die Beendigung Ihres Arbeitsverhältnisses an sich bzw. die Konditionen des arbeitgeberseitigen Aufhebungsvertrages gemeinsam mit Ihrer Familie, vor allem aber Ihrem Anwalt zu besprechen. Das bedeutet natürlich nicht, dass Sie die Kündigung oder den Aufhebungsvertrag akzeptieren und keine Kündigungsschutzklage erheben bzw. den Aufhebungsvertrag unterschreiben. Erst dann schließen sich nämlich konkrete Verhandlungen über die Bedingungen des Aufhebungsvertrages an, die Sie Ihrem Anwalt überlassen sollten, um vermeidbaren Nachteilen nicht zu begegnen und das Beste für Sie herauszuholen! Vernünftige und professionelle Arbeitgeber gewähren im Übrigen mindestens **drei Tage Überlegungszeit**, da sie selbst Interesse an der Wirksamkeit des Aufhebungsvertrages oder einer hierbei unüblichen Eigenkündigung haben, die ansonsten angefochten werden können, s. Anfechtung der Eigenkündigung & des Aufhebungsvertrages.

Sonderfall:
Die leistungsbedingte Kündigung – Minderleister/low-performer
Die leistungsbedingte Kündigung kommt zur Anwendung, wenn Sie **bewußt** – weil verhaltensbedingt – Ihre tatsächli-

che **Arbeitsleistung** hinsichtlich Ihrer Kenntnisse, Fähigkeiten und Intensität **nicht ausschöpfen.**
Sie ist deshalb das Gegenteil der personen-/krankheitsbedingten Kündigung, bei der Sie gerne Ihre ganze Energie, Kenntnisse und Fähigkeiten einsetzen würden, es aber personen-/krankheitsbedingt nicht schaffen.
Erforderlich ist zusätzlich, dass **kein milderes** Mittel, z. B. eine Abmahnung, zur Verfügung stehen darf Ihre Leistung zu steigern bzw. anderweitig, z. B. auf einem anderen Arbeitsplatz, einzusetzen.
Die Frage der leistungsbedingten Kündigung stellt sich in der Praxis selten. Eine Kündigung wird aber nicht ausschließlich hierauf fußen, da es für Ihren Arbeitgeber sehr schwierig ist zu beschreiben und zu **beweisen**, dass Sie Ihr Potenzial bewußt nicht zu seinem Nachteil ausgeschöpft haben. Auch etwaige Abmahnungen werden aus diesem Grund wenig Chancen haben!

Sonderfall:
Die Entfernung betriebsstörender Arbeitnehmer
Sollten Sie durch gesetzeswidriges Verhalten oder grobe Verletzung der allgemeinen Grundsätze im Betrieb nach § 75 BetrVG den Betriebsfrieden wiederholt ernstlich gestört haben, kann – soweit vorhanden – Ihr Betriebs-/Personalrat vom Arbeitgeber Ihre Entlassung oder zumindest Versetzung verlangen, § 104 BetrVG.
Derartige Fälle sind extrem selten, da Ihr Betriebs-/Personalrat hiervon ungern – weil unsolidarisch – Gebrauch macht und er meist diesen Paragraphen nicht kennt. Außerdem müssten sich diverse gravierende Pflichtverletzungen gehäuft und sich mehrere Arbeitnehmer beim Betriebs-/Personalrat gegen Sie ausgesprochen haben. Im Übrigen ist die Entlassung immer das letzte Mittel, so dass zunächst – soweit betrieblich möglich – eine Versetzung vorgenommen und/oder eine Abmahnung ausgesprochen werden müsste!

bb)Die Abmahnung:
Aufgrund des Verhältnismäßigkeitsgrundsatzes kann Ihnen Ihr Arbeitgeber nicht einfach kündigen, auch wenn Sie eine Pflichtverletzung begangen haben. Deshalb muss einer verhaltensbedingten Kündigung in den meisten Fällen eine Abmahnung vorangegangen sein (Ausnahme: Entbehrlichkeit der Abmahnung, s. u.). Die Abmahnung ist deshalb für die Wirksamkeit der Kündigung sehr wichtig.

Eine Abmahnung ist eine Art Schuss vor den Bug, sie ist an bestimmte **Voraussetzungen** gebunden. Sie muss:
- Ihre Pflichtverletzung konkret beschreiben,
- Sie auf das ordnungsgemäße Verhalten hinweisen und das von Ihnen einfordern sowie
- für den Fall eines (weiteren) Fehlverhaltens Konsequenzen, d. h. eine Kündigung, androhen.

Beispiel: Abmahnung
Sehr geehrte(r) Herr/Frau ...,

hiermit müssen wir Ihnen aufgrund folgenden Sachverhalts eine Abmahnung erteilen:

Am ... sagten Sie gegenüber Herrn Müller, Ihrem Vorgesetzten der Abteilung ..., er sei ein Schwein, der Mitarbeiter wie Dreck behandele. Ihre Aussage war durch nichts gerechtfertigt, insbesondere hatte Herr Müller sie gestern, am ..., noch wegen ... vor der gesamten Abteilung ... gelobt.

Diese Beleidigung gegenüber Ihrem Vorgesetzten stellt eine Pflichtverletzung aus Ihrem Arbeitsverhältnis dar.
Wir dulden dies nicht und fordern Sie auf, sich zukünftig ordnungsgemäß zu verhalten, insbesondere Ihren Vorgesetzten nicht zu beleidigen.
Sollte sich diese oder eine vergleichbare Pflichtverletzung wiederholen, müssen wir weitere Konse-

quenzen bis hin zu einer (fristlosen) außerordentlichen Kündigung ergreifen.

Diese Abmahnung wird zu Ihrer Personalakte genommen.

Mit freundlichen Grüßen

Ort, Datum   Unterschrift Unternehmen

Im Gegensatz dazu ist eine (mündliche oder schriftliche) **Ermahnung** schwächer. Hier ermahnt Ihr Arbeitgeber nur Ihr Fehlverhalten, droht Ihnen aber keine rechtlichen Konsequenzen an.
Zwar besteht eine Stufung in der Wertigkeit insofern als eine Ermahnung schwächer ist als eine Abmahnung, und diese wiederum schwächer ist als eine Kündigung. Da eine Ermahnung aber im Hinblick auf eine Kündigung <u>keine rechtliche Bedeutung</u> hat, wird von der Rechtsprechung nicht verlangt, dass Ihnen erst eine Ermahnung, bei dem nächsten Verstoß eine Abmahnung, dann ggf. erneut eine Abmahnung und hiernach eine Kündigung erklärt wird. Deshalb ist eine Ermahnung kaum verbreitet und eher in kleinen Unternehmen als Kritik auf dem Flur üblich.
Gegen eine Ermahnung haben Sie mangels rechtlicher Relevanz **keinen Anspruch auf Entfernung aus Ihrer Personalakte**. Trotzdem können und sollten Sie eine knappe und sachliche Beschreibung der angeblichen Pflichtverletzung als **Gegendarstellung** zu Ihrer Personalakte nehmen lassen. Natürlich steht Ihnen das Recht zu bei begründetem Anlass Einblick in Ihre Akte zu nehmen, um z. B. zu überprüfen, ob die Gegendarstellung zur Akte genommen wurde und was dort sonst noch zu finden ist. Wird Ihnen das verweigert oder ist die Gegendarstellung nicht in Ihrer Akte, sprechen Sie die Personalabteilung, den Abteilungsleiter, Ihren Betriebs-/Personalrat oder Ihren Chef direkt hierauf an. Bewegt sich dann immer noch nichts, schalten Sie Ihren Anwalt ein. Beachten Sie aber, dass sowohl der Einblick als

auch die zwangsweise Einheftung Ihrer Gegendarstellung in die Akte nicht eingeklagt werden kann, weil Sie allein dadurch noch keinen rechtlichen Vorteil haben (juristisch: kein Rechtsschutzbedürfnis)!

Abmahnungen werden **üblicherweise schriftlich** durch Ihren Arbeitgeber, d. h. mindestens Mitarbeiter die Ihnen Arbeitsanweisungen erteilen können ausgesprochen.

Eine Abmahnung kann <u>aber</u> auch nur mündlich erfolgen, was primär in kleinen oder rechtsunkundigen Unternehmen vorkommt. Dann muss Ihr Arbeitgeber konkret **beweisen**, dass er Ihnen am ... wegen ... eine Abmahnung mündlich erklärt hat, die o. g. Wirksamkeitsvoraussetzungen einhielt. Das ist nach Monaten und ohne Zeugen in der Praxis kaum möglich.

Achtung: Besonders ergebnisorientierte Arbeitgeber nutzen teilweise bewußt mündliche Abmahnungen. Dann ist besondere **Vorsicht angeraten**: Zwar trifft Ihren Arbeitgeber die volle Darlegungs- und **Beweislast** hinsichtlich Ihrer Pflichtverletzung und der Wirksamkeit der Abmahnung. Aber: Wo keine sichtbare Abmahnung ist, ist auch keine Gegendarstellung und erst recht keine Klage von Ihnen möglich. Sie erhalten somit <u>plötzlich</u> eine Kündigung im Falle einer tatsächlichen Pflichtverletzung, ohne dass Sie vorher von einer Abmahnung ausgegangen sind. Im Gerichtsverfahren muss Ihr Arbeitgeber dann konkret Ihre ursprüngliche(n) Pflichtverletzung(en) für die vorhergegangene(n) Abmahnung(en), die jeweilige(n) (mündliche(n)) Abmahnung(en) sowie den nach der/den Abmahnung(en) entstandenen verhaltensbedingten Kündigungssachverhalt darlegen und **beweisen**, was sehr aufwändig sein kann – möglich ist das aber, gerade um Sie vor vollendete Tatsachen zu stellen und eine ggf. provozierte Kündigung zu beschleunigen!

Es muss auch **rechtzeitig** abgemahnt worden sein. Deshalb reicht es nicht aus, wenn Ihnen erst Monate nach Ihrer Pflichtverletzung eine Abmahnung erteilt wird. Maximal sechs Wochen zwischen dem Entdecken der Pflichtverletzung und der Erteilung der Abmahnung sind tolerabel, auch wenn Urlaub des Abmahnenden, Krankheit, etc. hinzukommen. Nach mehr als sechs Wochen kann von Verwirkung, d. h. dem Verlust des Rechts zur Abmahnung gesprochen werden, da es nicht so schlimm gewesen sein kann, wenn arbeitgeberseitig derart lange abgewartet wird!

 Achtung: Der Kündigungsgrund muss sich nach dem Ausspruch und Zugang der Abmahnung bei Ihnen ereignet haben, wobei eine vorangegangene, unwirksame Kündigung aus verhaltensbedingten Gründen in eine Abmahnung umgedeutet werden kann, wenn die Pflichtverletzung bewiesen ist.
Außerdem muss grundsätzlich jeder verhaltensbedingten Kündigung eine einschlägige Abmahnung in der jüngeren Vergangenheit vorhergegangen sein, außer sie ist entbehrlich, s. u. **Einschlägig** bedeutet, dass der in der Abmahnung beschriebene Grund, dem später folgenden Kündigungsgrund ähnlich sein muss, z. B. jeweils zu spät kommen oder zu spät kommen und fehlende Krankmeldung.
Ferner muss die letzte Abmahnung vor dem Kündigungsgrund in jüngerer Vergangenheit, d. h. **innerhalb eines Jahres**, gegenüber Ihnen ausgesprochen und zugegangen sein. Sollte die Abmahnung älter als ein Jahr sein, ist sie juristisch nicht mehr wirksam. Spricht Ihr Arbeitgeber deshalb bei einem weiteren Grund eine Kündigung aus, ist die Kündigung unwirksam, weil die Abmahnung zu alt ist (Ausnahme: Entbehrlichkeit der Abmahnung, s. u.). Weitere Folge einer veralteten Abmahnung ist, dass Sie ihre automatische **Entfernung aus Ihrer Personalakte** verlangen können. Ist die Abmahnung dagegen nicht veraltet, können Sie immer eine **Gegendarstel-**

lung zu den in der Abmahnung enthaltenen Pflichtverletzungen fertigen, die Ihre Darstellung der (vermeintlichen) Pflichtverletzung beinhaltet und von Ihrem Arbeitgeber zu Ihrer Personalakte geheftet werden muss, s. o. Ermahnung. Kommt Ihr Arbeitgeber der Entfernung aus der Personalakte nicht nach, können Sie bei einer veralteten und bei einer aktuellen Abmahnung, die falsch ist, auf Entfernung aus Ihrer Personalakte **klagen**. Das ist aber nicht empfehlenswert: Zwar verdeutlichen Sie dadurch, dass Sie sich juristisch auskennen und für Ihr Recht kämpfen. Die Abmahnung ist juristisch aber ohnehin unwirksam, außerdem wecken Sie vielleicht schlafende Hunde, die Stimmung verschlechtert sich und Sie sensibilisieren Ihren Arbeitgeber dafür, dass erst eine weitere – aktuelle und richtige – Abmahnung für eine potenzielle Kündigung notwendig ist (Ausnahme: Entbehrlichkeit der Abmahnung, s. u.). Ob Sie dagegen im Fall einer aktuellen, richtigen Abmahnung klagen, ist vom jeweiligen Einzelfall abhängig, den Sie mit Ihrem Anwalt des Vertrauens besprechen sollten.

Eine Abmahnung ist dagegen **entbehrlich**, wenn Sie entweder offensichtlich nicht gewillt sind die begangene Pflichtverletzung abzustellen, die Abmahnung deshalb nur Förmelei wäre, oder Ihre Pflichtverletzung so intensiv ist, dass dies kein normaler Arbeitgeber dulden würde, z. B. Straftaten wie (Spesen-/Abrechnungs-)Betrug, Diebstahl, schwere, mehrfache Beleidigungen, Körperverletzung, etc. Da es in der Praxis sehr oft problematisch ist, ob eine Abmahnung entbehrlich ist oder aus Sicherheitsgründen anstelle einer Kündigung ausgesprochen werden muss, sollten Sie die Frage der Entbehrlichkeit vor Gericht immer aufwerfen. Hierbei kommt es stark auf die Einstellung des entscheidenden Richters an!

In der Praxis sprechen Arbeitgeber oft sehr viele (mehr als zwei) Abmahnungen für unterschiedliche Pflichtverletzungen

aus. Hier können Sie vor Gericht rügen, dass der Warn-
zweck mindestens der letzten Abmahnung nicht mehr für
Sie gewahrt ist, da Sie bei durchschnittlichen Pflichtverletzungen – aufgrund des Arbeitgeberverhaltens in der Vergangenheit – damit rechnen konnten, dass wieder nur eine
Abmahnung ausgesprochen wird (**Inflationsgedanke**). Das
ist zwar dünnes Eis, aber durchaus wirksam!
Unerfahrene Arbeitgeber sprechen auch gerne **Sammelab-
mahnung**en aus, d. h. Sie werfen Ihnen mehrere Pflichtverletzungen in einem einzigen Abmahnungsschreiben vor.
Das ist riskant für Arbeitgeber: Sollten Sie gerichtlich gegen
diese Abmahnung vorgehen und ergibt sich, dass sich eine
Pflichtverletzung als unberechtigt herausstellt, ist sofort die
gesamte (Sammel-)Abmahnung falsch, so dass ihnen keine
einzige Pflichtverletzung vorgeworfen werden kann. Zwar
kann Ihnen der Arbeitgeber hinsichtlich der tatsächlichen
Pflichtverletzungen eine neue Abmahnung aussprechen,
das ist aber nur möglich, wenn das Recht zur Abmahnung
nicht bereits verwirkt ist, also noch keine sechs Wochen seit
dem abmahnungswürdigenden Verhalten vergangen sind!

cc) Die ordnungsgemäße Betriebs-/Personalratsan-
hörung:

Existiert in Ihrem Betrieb ein Betriebs-/Personalrat, muss
dieser ordnungsgemäß zur Kündigung angehört worden
sein, s. Betriebs-/Personalratsanhörung.
Mit Ihrem Betriebs-/Personalrat sollten Sie sich vor, aber in
jedem Fall bei bereits erfolgter Kündigung in Verbindung
setzen, um möglichst Detail- und Hintergrundinformationen
zu erfahren. Schließen Sie sich auch mit von Kündigungen
betroffenen oder nicht betroffenen Kollegen zum Infoaustausch zusammen.
Hierdurch können Sie Ihre Chancen gegen die Kündigung
vorzugehen oft deutlich steigern, weil Sie unabhängig von
rechtlichen Fehler auch tatsächliche Defizite aus erster
Hand erfahren können!

dd)Die abschließende Interessenabwägung:
Wie bei jeder Kündigung muss in der abschließenden Interessenabwägung das Interesse des Arbeitgebers an der Beendigung des Arbeitsverhältnisses mit Ihnen mit Ihrem Interesse an der Fortsetzung abgewogen werden.
Das ist eher ein knapper pro und contra Schulaufsatz als Abschlussfeststellung, der häufig weggelassen wird. Sollte das aber fehlen, rügen Sie es als fehlerhaft im Rahmen des Gerichtsverfahrens!

d) Die besonderen Voraussetzungen der personen-/ krankheitsbedingten Kündigung:
Die personen- und krankheitsbedingte Kündigung ist gleichbedeutend. Sie beschreibt, dass Sie aus krankheitsbedingten Gründen nicht mehr arbeiten können und deshalb das Arbeitsverhältnis gekündigt wird.
Die krankheitsbedingte Kündigung ist der für Ihren Arbeitgeber am schwersten durchzusetzende Kündigungsgrund, da Ihr Gesundheitszustand nur relativ abstrakt begutachtet werden und das Gutachten fehlerhaft sein kann.
Die personen-/krankheitsbedingte Kündigung ist sozial gerechtfertigt und beendet deshalb Ihr Arbeitsverhältnis, wenn über die o. g. allgemeinen folgende besondere Voraussetzungen vorliegen:

aa) Die schlechte Gesundheitsprognose:
Die schlechte Gesundheitsprognose ergibt sich aus Ihren krankheitsbedingten Fehlzeiten bei der Arbeit. Hier muss unterschieden werden, ob bei Ihnen eine Lang- oder Kurzzeiterkrankung vorliegt.
Bei der **Langzeiterkrankung** müssen Sie mindestens 1 ½ Jahre durchgängig krankheitsbedingt arbeitsunfähig sein und im Betrieb fehlen. Dann ist laut Rechtsprechung mit weiteren krankheitsbedingten Fehlzeiten zu rechnen. Das Ende der Erkrankung darf auch zum Zeitpunkt der Kündigung mindestens nicht absehbar sein. Ferner müssen Sie

zum Zeitpunkt des Kündigungsausspruchs immer noch arbeitsunfähig erkrankt sein – was auch der Fall ist, wenn Sie sich in einer Kur oder Rehabilitation befinden – andernfalls wären Sie (wieder) gesund und die Langzeiterkrankung wäre unterbrochen. Im Fall einer **unterbrochenen Krankheit** kann grundsätzlich keine Addierung von mehreren Zeiten vorgenommen werden, so dass Ihnen bei einer Unterbrechung der zusammenhängenden 1 ½ Jahre erst dann wieder eine zulässige krankheitsbedingte Kündigung drohen kann, wenn Sie erneut 1 ½ Jahre zusammenhängend arbeitsunfähig fehlen. Eine Ausnahme hiervon wird aber gemacht, wenn eine Vermengung von Lang- und Kurzzeiterkrankung vorliegt, s. u.!

Achtung: Beachten Sie, dass die 1 ½ Jahre Ihrem Arbeitnehmeranspruch auf sechs Wochen Entgeltfortzahlungsanspruch zzgl. 78 Wochen Krankengeldbezug entsprechen. Allein weil Ihnen dann grundsätzlich keine anderen staatlichen Mittel mehr gezahlt werden, Sie somit Ihr Erspartes angreifen, von anderen Personen finanziell unterstützt werden oder Sozialhilfe beanspruchen müssen, melden sich viele Arbeitnehmer spätestens vor Ablauf der 1 ½ Jahre bei Ihrem Arbeitgeber und wollen wieder ganz oder im Rahmen eines betrieblichen Eingliederungsmanagements zurück in das Arbeitsleben. Das wird von Ihrem Arbeitgeber zwar nicht gerne gesehen, weil er häufig nicht von Ihrer Gesundung ausgeht und Sie dadurch seine ggf. vorbereitete personen-/krankheitsbedingte Kündigung torpedieren. Er muss Sie aber spätestens dann arbeiten lassen, wenn Sie ihm ein entsprechendes Attest vorlegen, dass Sie einsatzfähig sind! Sie sind dazu verpflichtet ein Attest vorzulegen, da Ihren Arbeitgeber ein Verschulden treffen kann, wenn er Sie wieder arbeiten lässt, obwohl Sie nicht (vollständig) arbeitsfähig waren und Ihnen ein Unfall zustößt. Durch das Attest wird das hinfällig.

Die §§ 275 - 277 SGB V sollten Ihnen bekannt sein! Hiernach sind Krankenkassen verpflichtet bei auffälligen, krankheitsbedingten Fehlzeiten, die Zweifel an Ihrer Arbeitsunfähigkeit begründen können, kurzfristig ein **Gutachten des medizinischen Dienstes** einzuholen. Sollten Sie Ihre Mithilfe daran verweigern, kann die Entgeltfortzahlung bzw. das Krankengeld eingestellt werden. Sie erhalten ggf. auch einen Reiter in die Akte Ihrer Krankenversicherung, wodurch Sie als Simulant bzw. hohe Kosten verursachendes Mitglied gekennzeichnet werden. Das wird verständlicherweise nicht gerne gesehen! Im Übrigen bleibt ein mehr als seltsamer Beigeschmack, weshalb Sie ein Gutachten verweigern, wenn Sie doch krank sind!

Bei **Kurzzeiterkrankungen** wird die negative Gesundheitsprognose angenommen, wenn Sie immer wieder an mindestens 30 Tagen pro Jahr krankheitsbedingt arbeitsunfähig sind, das aber über einen Zeitraum von zwei – drei Jahren. Die vollen 30 Tage müssen Sie jeweils auch Entgeltfortzahlung beansprucht haben. Auch in diesem Fall ist laut Rechtsprechung mit weiteren Krankheitsausfällen zu rechnen. Bei der Frage, ob zwei oder drei Jahre betrachtet werden, unterscheiden sich Richter und Gerichte z. T. deutlich. In Ihrem Interesse sollten Sie von dem für Sie gefährlicheren Fall ausgehen, nämlich der kurzen zweijährigen Frist.
Entscheidend ist ferner, dass Krankheiten, die **ausgeheilt** sind oder auf einem **einmaligen** Gefahren-**Ereignis** beruhen, z. B. Motorrad- oder Sportunfälle, nicht bei den 30 Fehltagen mitgezählt werden dürfen.

Wie oben angesprochen gibt es auch **Vermischungen von Lang- und Kurzzeiterkrankungen**, die Sie nicht unterschätzen sollten. Z. B. geht eine Langzeiterkrankung oft in mehrere Kurzzeiterkrankungen oder umgekehrt über.
Hier dürfen o. g. Fehltage sowohl für die Lang-, als auch Kurzzeiterkrankung(en) nicht überschritten werden, ansons-

ten liegt die negative Gesundheitsprognose vor und eine Voraussetzung Ihrer Kündigung ist gegeben!

Sonderfall:
Die dauerhafte Leistungsminderung
Auch die dauerhafte Minderung Ihrer Leistung ergibt die schlechte Gesundheitsprognose der krankheitsbedingten Kündigung.
Die Leistungsminderung muss aber **dauerhaft** vorliegen und bei **lediglich 2/3 oder 66 % der durchschnittlichen Leistung eines** mit Ihnen **vergleichbaren Arbeitnehmers** liegen.
Das ist in der Praxis für Ihren Arbeitgeber kaum festzustellen und zu **beweisen**, da eine Durchschnittsleistung – wenn überhaupt – nur im gewerblichen Bereich gemessen werden kann, z. B. durch bearbeitete Produkte in Tonnen, Anzahl, etc. Dagegen ist eine kaufmännische Arbeit weder zeitlich noch intellektuell kaum meßbar, so dass bereits die potentielle Durchschnittsleistung leicht durch Sie widerlegt werden kann und die Kündigung kaum Chancen hat!

Sonderfall:
Die Suchterkrankung
Suchterkrankungen, wegen Alkohol und sonstigen harten und weichen Drogen unterfallen der personen-/krankheitsbedingten Kündigung, wenn Sie Ihr **Verhalten** aufgrund Ihrer Sucht **nicht mehr steuern** können, was relativ schnell angenommen wird. Sollten Sie Ihre Sucht – nachweisbar (!) – noch komplett steuern können, müssten die Voraussetzungen der verhaltensbedingten Kündigung vorliegen. Kündigungen wegen Suchterkrankungen unterfallen in der Praxis aber fast ausnahmslos personen-/krankheitsbedingten Kündigungen.

Die **schlechte Gesundheitsprognose** der personen- bzw.-krankheitsbedingten Kündigung aufgrund Ihrer Sucht ist –

unabhängig von den krankheitsbedingten Fehlzeiten – dann gerechtfertigt, wenn Sie sich einer <u>Entziehungskur verweigern</u>. Sollten Sie der Kur zustimmen, muss Ihr Arbeitgeber das Ergebnis abwarten und je nach Ergebnis unter Berücksichtigung der folgenden weiteren Voraussetzungen der (normalen) personen-/krankheitsbedingten Kündigung kündigen.

Erfahrene Arbeitgeber verweigern süchtigen Arbeitnehmern den **Zugang zum Betrieb** oder verweisen Sie des Betriebes und rufen eine Taxe, was rechtmäßig ist.

Auch die **Entgeltzahlung** kann für den Zeitraum Ihres Rausches bzw. Ihrer Abwesenheit komplett eingestellt werden, **außer** Sie präsentieren ein astreines Attest, was in der Praxis unrealistisch ist. In diesem Fall wird Ihnen häufig – da die Abgrenzung der personen-/krankheits- und verhaltensbedingten Kündigung hier schwierig ist – eine Abmahnung erklärt.

Darüber hinaus fordern professionelle Arbeitgeber Sie auf eine **Suchtvereinbarung** zu unterschreiben: Hierin verpflichten Sie sich eine Entziehungskur kurzfristig anzutreten. Sollten Sie dem nicht zustimmen oder die Therapie aus nicht nachvollziehbaren Gründen abbrechen, kann Ihnen Ihr Arbeitgeber bei dem nächsten suchtbedingten Zwischenfall berechtigt kündigen. Sicherheitshalber erfolgt das – nach vorangegangener Abmahnung, s. Abmahnung, und Vereinbarung sowie Bruch der Suchtvereinbarung – verhaltens- und krankheitsbedingt. Soweit die Suchtvereinbarung nicht außergerichtlich zwischen Ihnen und Ihrem Arbeitgeber vereinbart worden sein sollte, sondern im Rahmen eines gerichtlichen Verfahrens (**Alkoholikervergleich**) – da Ihr Arbeitgeber ohne diese juristisch falsch sofort nach Ihrem Rausch im Betrieb die Kündigung ausgesprochen hat – gilt ebenfalls Vorgenanntes.

 Achtung: Entscheidend ist, dass Ihr Arbeitgeber die schlechte Gesundheitsprognose **beweisen** muss. Ergibt sich die negative Gesundheitsprognose aufgrund o. g. Fehlzeiten, wird vermutet, dass auch mit weiteren Fehlzeiten gerechnet werden muss. Das können Sie widerlegen. Dafür sind aber Sie, Ihre Ärzte, die Sie von ihrer Schweigepflicht entbinden sollten und ggf. ein Gutachter gefordert, da Sie hierbei die volle Darlegungs- und **Beweislast** trifft, die negative Gesundheitsprognose zu widerlegen. In dem Fall müssen Sie beschreiben und beweisen, weshalb mit Ihrer kurzfristigen und dauerhaften Gesundung zu rechnen ist. Das ist in der Praxis schwierig, da Ärzte keine Gefälligkeitsatteste und -gutachten erstatten!

Darüber hinaus erklärt es sich von selbst, dass Sie während Ihrer Krankheit alles unterlassen müssen, was Ihrer Gesundung zuwiderläuft (**gesundungshinderndes Verhalten**). Z. B. dürfen Sie während einer Arbeitsunfähigkeit infolge einer Gehirnerschütterung oder eines gebrochenen Armes nicht Joggen, etc.; normale, notwendige Einkäufe des täglichen Lebens sind aber möglich, d. h. Sie müssen nicht bei jeder Erkrankung jede Sekunde im Bett oder in der Wohnung sein.

bb) Die Schädigung des Betriebs:
Die Schädigung des Betriebs liegt logischerweise immer vor, wenn Sie krankheitsbedingt ausfallen, da zumindest bis zum Ablauf von sechs Wochen Entgeltfortzahlung durch Ihren Arbeitgeber gezahlt werden muss.

Die Rechtsprechung stellt aber primär darauf ab, dass **unzumutbare wirtschaftliche Belastungen** oder **Störungen des Betriebsablaufs** vorliegen müssen.

Unzumutbar sind wirtschaftliche Belastungen für Ihren Arbeitgeber, wenn Sie im Rahmen der Kurzzeiterkrankung binnen o. g. zwei – drei Jahre jeweils mindestens 30 Tage mit Entgeltfortzahlung – nicht Krankengeldbezug – arbeitsunfähig gefehlt haben oder bei der Langzeiterkrankung innerhalb der 1 ½ Jahre für die ersten sechs Wochen Entgeltfortzahlung von Ihrem Arbeitgeber geleistet werden musste.

Wann Ablaufstörungen unzumutbar sind, ist nicht eindeutig geklärt. Da hierunter jedoch Störungen im Produktionsablauf, Umstellungen von Arbeitsplänen, Organisation von Ersatzpersonal, etc. fallen und Ihr Arbeitgeber das als unzumutbare Belastung empfinden wird, sollten Sie davon ausgehen, dass die Beeinträchtigung der betrieblichen Interessen schnell bejaht wird!

cc) Das erfolglose betriebliche Wiedereingliederungsmanagement – Kein alternativer Schonarbeitsplatz:

Die erfolglose Durchführung des betrieblichen Wiedereingliederungsmanagements (BEM) wird in der Rechtsprechung nicht ganz einheitlich gehandhabt. Häufig sind Arbeitgeber daran interessiert ein – zugegebenermaßen aufwändiges – BEM nur pro-forma durchzuführen, da die Entscheidung zur Kündigung z. T. bereits gefallen ist, aber noch die letzten Voraussetzungen passend gemacht werden sollen.

Sie sollten davon ausgehen, dass Ihr Arbeitgeber Sie vor dem Ausspruch einer personen-/krankheitsbedingten Kündigung zumindest **kontaktieren** muss. Aus diesem Grund werden Arbeitgeber während Ihrer Erkrankung telefonisch, per Post oder auch persönlich auf Sie zutreten und Ihnen anbieten über Ihren Heilungsverlauf zu sprechen.
Einerseits will Ihr Arbeitgeber hierdurch die Gründe für Ihre Krankheit bzw. Ihren Ausfall erfahren und andererseits herausfinden, ob und wann Sie wieder arbeitsfähig sind. Das ist im Ergebnis nicht zu beanstanden. Sie sollten deshalb dieses Angebot akzeptieren, da Ihr Arbeitgeber ansonsten ergebnisorientiert darstellen könnte, dass Sie an einem Kontakt, der Durchführung eines BEM, wie auch der Fortsetzung des Arbeitsverhältnisses kein Interesse haben. In diesem Fall kann ein Richter die Ansicht vertreten, dass Sie das **BEM verweigern** und es deshalb nicht durchgeführt werden kann und muss. Folglich stellt sich die Frage des BEM nicht mehr, was bei Bejahung der weiteren Vorausset-

zungen der personen-/krankheitsbedingten Kündigung dazu führt, dass diese gerechtfertigt wäre!

Wenn Sie den Besuch oder das Telefonat deshalb wahrnehmen, können Sie jederzeit eine **Person Ihres Vertrauens**, z. B. Partner, Anwalt oder Betriebs-/Personalrat, **hinzuziehen**. Das muss Ihr Arbeitgeber akzeptieren, wenn nicht, verlangen Sie es schriftlich, dass er Ihnen die Begleitung einer Vertrauensperson nicht gestattet. Meist geben Arbeitgeber dann nach. Gibt Ihr Arbeitgeber immer noch nicht nach, teilen Sie ihm über Ihren Anwalt schriftlich mit, dass Ihnen das Recht zusteht und das BEM arbeitgeberseitig nicht ordnungsgemäß initiiert werden kann, wenn Sie keine Person Ihres Vertrauens hinzunehmen dürfen. Weiteres müssen Sie nicht begründen, lassen Sie sich nicht verunsichern. Denken Sie daran, dass bei einem Telefonat andere Personen des Arbeitgebers mithören und das Telefonat aufgezeichnet werden könnte. Das ist zwar juristisch nicht zulässig, aber technisch möglich!

Im Rahmen des **Gespräch**s wird sich Ihr Arbeitgeber nach Ihrem Gesundheitszustand erkundigen und versuchen herauszufinden, ob Sie tatsächlich krank sind oder das nur vorgeben und ob Sie an einem BEM interessiert sind. Hier treffen Datenschutz (ärztliche Schweigepflicht) einerseits und Ihre Verpflichtung bzw. Ihr Wille wieder in den Betrieb zurückzukehren andererseits aufeinander.

Dann stellt sich die Frage, ob die Erkrankung mit Ihrer Tätigkeit und Belastung im Betrieb zusammenhängt und deshalb durch das BEM gelöst werden kann oder andere Gründe hat, z. B. Drogensucht o. ä.

Bestenfalls wird nun gemeinsam überlegt, ob Sie bei geringerer Stundenanzahl und/oder auf einem alternativen Arbeitsplatz bei einer Ihrer Erkrankung angemessenen Belastung eingesetzt werden können (**alternativer Schonarbeitsplatz**).

Natürlich können Sie nur Schonarbeitsplätze verlangen bzw. annehmen, die für den Arbeitgeber organisatorisch und wirtschaftlich sinnvoll, aber auch von Ihrer Ausbildung, Ihren

Fähigkeiten, Leistungen und Ihrer Erkrankung erbracht werden können. Sie haben hierbei keinen Anspruch auf **Freikündigung** von besetzten Arbeitsplätzen.

Hier ergeben sich oft sehr unterschiedliche Ansichten von Ihnen und Ihrem Arbeitgeber. Deshalb sollten Sie entweder aktuell vor dem Gespräch einen **Wiedereingliederungsplan** Ihres Arztes mitbringen, der die gesundheitlich möglichen Belastungen knapp beschreibt, oder zum Zeitpunkt des Gesprächs mit Ihrem Arbeitgeber vereinbaren, dass Ihr Arzt einen Wiedereingliederungsplan erarbeitet, der mit den betrieblichen Gesichtspunkten Ihres Arbeitgebers abgestimmt wird.

Z. T. beharren Arbeitgeber darauf den Wiedereingliederungsplan durch den Werksarzt bei größeren Arbeitgebern, einen Amtsarzt oder den medizinischen Dienst der Krankenkassen erstellen zu lassen. Diese Ärzte sind vom Fach und grundsätzlich objektiv, dennoch sollte der (Fach-)Arzt Ihres Vertrauens parallel einen Wiedereingliederungsplan zusammenstellen, der mit dem des Werksarztes o. ä. abgeglichen wird. Akzeptieren Sie und Ihr Arbeitgeber den (Kompromiss-)Wiedereingliederungsplan, können Sie direkt mit dem BEM beginnen; ggf. muss es – je nach Belastung und Fortschritt – unter Beachtung o. g. betrieblicher und medizinischer Gesichtspunkte ergänzt oder verändert werden. Sollte Ihr Arbeitgeber den Plan oder die Vorgehensweise nicht akzeptieren, lassen Sie sich die Gründe schriftlich geben und besprechen das mit Ihrem Arzt und Anwalt. Nennt Ihr Arbeitgeber Ihnen die Gründe nicht oder gibt er Ihnen diese nicht schriftlich, kontaktieren Sie ebenfalls Ihren Arzt und Anwalt und versuchen das BEM für Sie und den Betrieb angemessen durchzuführen, da Sie verpflichtet sind an der Wiederherstellung Ihrer Gesundheit und dem BEM zu angemessenen Bedingungen mitzuwirken, um möglichst schnell wieder gesund in dem Betrieb arbeiten zu können.

**dd) Die ordnungsgemäße Betriebs-/Personalratsan-
hörung:**

Existiert in Ihrem Betrieb ein Betriebs-/Personalrat, muss dieser ordnungsgemäß zur Kündigung angehört worden sein, s. Betriebs-/Personalratsanhörung.

Mit Ihrem Betriebs-/Personalrat sollten Sie sich vor, aber in jedem Fall bei bereits erfolgter Kündigung in Verbindung setzen, um möglichst Detail- und Hintergrundinformationen zu erfahren. Schließen Sie sich auch mit von Kündigungen betroffenen oder nicht betroffenen Kollegen zum Infoaustausch zusammen.

Hierdurch können Sie Ihre Chancen gegen die Kündigung vorzugehen oft deutlich steigern, weil Sie unabhängig von rechtlichen Fehler auch tatsächliche Defizite aus erster Hand erfahren können!

ee) Die abschließende Interessenabwägung:

Wie bei jeder Kündigung muss in der abschließenden Interessenabwägung das Interesse des Arbeitgebers an der Beendigung des Arbeitsverhältnisses mit Ihnen mit Ihrem Interesse an der Fortsetzung abgewogen werden.

Das ist eher ein knapper pro und contra Schulaufsatz als Abschlussfeststellung, der häufig weggelassen wird. Sollte das aber fehlen, rügen Sie das als fehlerhaft im Rahmen des Gerichtsverfahrens!

**4. Der Annahmeverzug Ihres Arbeitgebers während des
Kündigungsschutzverfahrens –
Prozessbeschäftigungsvereinbarung:**

Wurde Ihnen ordentlich oder außerordentlich mit sozialer Auslauffrist gekündigt, läuft die Kündigungsfrist. Bis zu deren Ablauf steht Ihnen die Vergütung bzw. Entgeltfortzahlung, falls Sie sich ordnungsgemäß arbeitsunfähig gemeldet haben, immer zu.

Ist die Kündigungsfrist o. g. Kündigungen abgelaufen oder eine außerordentlich fristlose Kündigung ausgesprochen worden, hat das Gericht zeitlich noch nicht rechtskräftig, d. h. abschließend, über Ihre Kündigungsschutzklage entschieden. Sie haben dann – vorläufig – keinen Vergütungsanspruch mehr gegen Ihren Arbeitgeber. Durch Ausspruch der Kündigung hat Ihr Arbeitgeber zum Ausdruck gebracht, dass er nicht mehr mit Ihnen zusammenarbeiten will. Aufgrund dessen müssen Sie Ihm Ihre Arbeitsleistung so wie Sie diese üblicherweise jeden Tag anbieten würden – d. h. mit der richtigen Arbeitsausrüstung/-garderobe zur Arbeit pünktlich und gesund erscheinen – nicht mehr anbieten, da es ansonsten überflüssige Förmelei wäre. Diesen Zustand nennt die Rechtsprechung **Annahmeverzug**, aber nur dann, wenn Sie arbeitsfähig, d. h. gesund und nicht arbeits<u>un</u>fähig und/oder -willig sind. In diesem Fall steht Ihnen Ihr reguläres Arbeitsentgelt zu.

Irgendwann stellt das Gericht in erster, zweiter oder dritter Instanz, ggf. nach mehreren Jahren rechtskräftig, also abschließend, fest, dass die ursprüngliche Kündigung Ihr Arbeitsverhältnis beendete oder nicht:

- Im ersten Fall war die Kündigung seit Ausspruch rechtmäßig, so dass Ihr Arbeitsverhältnis bei der ordentlichen und außerordentlichen Kündigung mit sozialer Auslauffrist mit Ablauf der Kündigungsfrist endete.
  Für die gesamte Zeit des Gerichtsverfahrens erhalten Sie dann keine Vergütung. Bei einer rechtmäßigen, außerordentlich fristlosen Kündigung steht Ihnen ohnehin nach Ausspruch und Zugang bei Ihnen keine Vergütung mehr zu.

- War die <u>Kündigung seit Ausspruch unrechtmäßig</u>, wurde Ihr Arbeitsverhältnis nie beendet, so dass Sie sowohl bei der ordentlichen, außerordentlichen Kündigung mit sozialer Auslauffrist, wie auch außerordentlich fristlosen Kündigung seit Ausspruch und Zugang bzw. Ablauf der Kündigungsfrist bis zur rechtskräftigen Entscheidung – was teilweise

Jahre dauert (!) – Ihre Vergütung nachgezahlt erhalten.

Manche Arbeitgeber ordnen zulässigerweise an, dass Sie den Betrieb nach Ausspruch und Zugang bis zum Ablauf der Kündigungsfrist im Fall der ordentlichen und außerordentlichen Kündigung mit sozialer Auslauffrist nicht mehr betreten dürfen. Bei einer außerordentlich fristlosen Kündigung ist das ohnehin der Fall, weil diese mit Ausspruch und Zugang bei Ihnen auf Knopfdruck wirksam ist.

Andere Arbeitgeber ordnen zulässigerweise an, dass Sie nach Ausspruch und Zugang bis zum Ablauf der Kündigungsfrist im Fall der ordentlichen und außerordentlichen Kündigung mit sozialer Auslauffrist bei Ihrem Arbeitgeber als Gegenleistung arbeiten und/oder – soweit vorhanden – unter Anrechnung auf Urlaub und Freizeitguthaben (Überstunden-/Gleitzeitkonto) unwiderruflich freigestellt werden. Bei einer außerordentlich fristlosen Kündigung stellt sich diese Frage nicht, weil sich Ihr Arbeitgeber widersprüchlich verhalten würde, wenn er Ihnen im Fall eines schwerwiegenden Verstoßes fristlos kündigt und Sie trotzdem zeitlich befristet in den Betrieb zurückholt. Dadurch würde er sich die Kündigung selbst unwirksam machen.

Ist Ihre Kündigungsfrist abgelaufen und der Rechtsstreit noch nicht rechtskräftig entschieden, s. o., riskiert der Arbeitgeber, dass er Ihre Vergütung im Fall der unwirksamen Kündigung – jahrelang – nachzahlen muss, aber nach Ablauf der Kündigungsfrist keine Gegenleistung mehr erhält. Aus diesem Grund werden Ihnen *speziell bei personen-/krankheitsbedingten Kündigungen*, die sehr lange Gerichtsverfahren zur Folge haben, **Prozessbeschäftigungsvereinbarung**en angeboten:

- Hierdurch erhält der Arbeitgeber Ihre Arbeitsleistung als Gegenleistung für seine Zahlungen, wenn Sie die Vereinbarung annehmen und
- verhindert gleichzeitig, dass allein durch Ihr Arbeiten bei Ihm mit Willen und Interesse des Arbeitge-

bers nach Ablauf der Kündigungsfrist ein neues Arbeitsverhältnis mit Ihm entsteht (**faktisches Arbeitsverhältnis**).

- Zusätzlich spart er den Annahmeverzugslohn, d. h. Ihre Vergütung ab dem Ablauf Ihrer Kündigungsfrist, wenn Sie die Prozessbeschäftigungsvereinbarung ablehnen.
- Darüber hinaus kann er verhindern, dass Sie zeitnah bei einem anderen Arbeitgeber angestellt werden, da Sie mit ihm über die Prozessbeschäftigungsvereinbarung ein Arbeitsverhältnis über Ihre Kündigungsfrist bis zur rechtskräftigen Beendigung des Rechtsstreits vereinbart haben.

  Primär bezweckt Ihr Arbeitgeber zwar, dass Sie schnell eine neue Stelle finden, um den Rechtsstreit einfacher zu beenden und verhindert dieses Ziel hierdurch. Manchen Arbeitgebern ist das aber als Nebenzweck das Geld Ihrer Vergütung über die Kündigungsfrist hinaus wert, z. B. um Konkurrenzarbeitgeber nicht mit Ihrem Spezialwissen zu unterstützen, wenn Sie dort anfangen könnten. Das können Sie neutral nur vermeiden, wenn die Vereinbarung für beide Parteien ordentlich mit der gesetzlichen Kündigungsfrist des § 622 BGB kündbar ist. Deshalb sollten Sie bei einer solchen Vereinbarung darauf drängen die ordentliche Kündbarkeit schriftlich aufzunehmen. Lassen Sie sich hierbei nicht bluffen, dass man sich in einer solchen Situation schon einigen werde oder immer eine außerordentlich fristlose Kündigung zulässig ist. Letzteres stimmt, aber Sie benötigen einen wichtigen, d. h. sehr intensiven Kündigungsgrund, der nicht vom Himmel fällt. Auch eine durch Sie provozierte außerordentlich fristlose Kündigung der Prozessbeschäftigungsvereinbarung macht sich nicht gut während eines laufenden Gerichtsverfahrens!

- Ferner kann er Sie in eine Zwickmühle bringen, indem er Ihnen nach Ablauf der Kündigungsfrist zwar

Arbeit, Vergütung und den Kontakt zum Betrieb gewährleistet; fühlen Sie sich aber im Betrieb unwohl und schließen Sie deshalb die Prozessbeschäftigungsvereinbarung nicht ab, kann er Ihre Vergütung einsparen und Ihren beruflichen Kontakt zur Arbeit und Kollegen abschneiden. Als Konsequenz erhält er aber auch nicht Ihre Arbeit als Gegenleistung.

Selbstverständlich steht Ihnen jederzeit das Recht zu die Vereinbarung ohne Angabe von Gründen zu **verweigern**. In diesem Fall können Sie aber nach dem Ablauf Ihrer Kündigungsfrist keine Beschäftigung und – im Fall des rechtskräftigen Unterliegens vor Gericht – keine Zahlung verlangen. Das ist nur bei Ihrem Obsiegen oder der Unterzeichnung der Prozessbeschäftigungsvereinbarung möglich.

 Achtung: Eine **Prozessbeschäftigungsvereinbarung ist** ein mit Sachgrund befristetes **Arbeitsverhältnis**, § 14 TzBfG. Es bestehen deshalb für Sie und Ihren Arbeitgeber alle Rechte und Pflichten eines laufenden Arbeitsverhältnisses, z. B. Arbeit gegen Geld, Entgeltfortzahlungsansprüche im Fall einer Krankheit, Urlaub, etc. Aber immer nur mit Ihrer Mitwirkung, z. B. durch den Nachweis Ihrer Krankheit mittels AU-Bescheinigung o. ä., s. Laufende Durchführung Ihres Arbeitsverhältnisses.
Einen weiteren Punkt sollten Sie nicht unterschätzen: Ein ggf. jahrelanges Gerichtsverfahren führt ohne eine Prozessbeschäftigungsvereinbarung zu einer sehr langen Abwesenheit aus dem Betrieb, so dass Sie mit der Zeit den Anschluss im fachlichen Bereich und zu den Ihnen gewogenen Betriebsangehörigen, die Ihnen auch im Prozess von Vorteil sein können, z. B. Kollegen, Betriebs-/Personalratsangehörige, Vorgesetzte, etc., verlieren!

Beispiel: Prozessbeschäftigungsvereinbarung
Zwischen dem Unternehmen ..., vertr. durch ... und
dem Arbeitnehmer ... wird folgendes vereinbart:

1. Die Parteien führen unter dem gerichtlichen Aktenzeichen vor dem ...-arbeitsgericht einen Kündigungsrechtsstreit.

2. Sie vereinbaren hiermit eine Prozessbeschäftigung zu den bisherigen materiellen Arbeitsbedingungen- zum rechtskräftigen Abschluss des o. g. Verfahrens. Das Beschäftigungsverhältnis ist bis zum rechtskräftigen Abschluss des Rechtsstreits befristet.

3. Ggf.: Eine ordentliche Kündigung ist für beide Parteien zulässig.

Ort, Datum
Unterschrift Unternehmen Unterschrift Arbeitnehmer

5. Die Beendigung &
Änderung von Vertragsbedingungen:
a) Die einvernehmliche Änderung –
Änderungskündigung:
Grundsätzlich beenden (Beendigungs-)Kündigungen ein Arbeitsverhältnis. Soll Ihr Arbeitsverhältnis dagegen ganz oder in Teilen verändert werden, kann das einvernehmlich durch Ihre und die Zustimmung Ihres Arbeitgebers zu den neuen Bedingungen erfolgen. Sollten Sie mit den arbeitgeberseitigen Änderungen dagegen nicht einverstanden sein, kann Ihr Arbeitgeber die Änderungen nur einseitig durch die Ausübung seines Direktionsrechts oder eine Änderungskündigung herbeiführen, weil eine **Teilkündigung** nur einzelner Teile eines Arbeitsvertrages immer unzulässig ist.

 Achtung: Eine Änderungskündigung ist immer dann notwendig, wenn Ihr Arbeitgeber nicht durch sein **Weisungs-/Direktionsrecht** bzgl. Inhalt, Ort, Zeit, etc. nach § 106 GewO Ihren Einsatz konkretisieren bzw. verändern kann.

Als **Faustregel** können Sie sich merken, dass das Direktionsrecht dann ausreichend und eine Änderungskündigung nicht notwendig ist, wenn der wesentliche Kern Ihres Arbeitsverhältnisses nicht verändert wird.

Das ist z. B. der Fall, wenn Sie vor und nach der Änderung gleich viel verdienen, die Vergütungsbestandteile (Grundvergütung zzgl. Zulagen), -art (Stunden-, Akkordvergütung), Ihre Dauer der Arbeitszeit, etc. sich nicht verändert, aber z. B. die Arbeitszeit unwesentlich von 8 – 17 auf 9 – 18h oder Ihr Arbeitsplatz von den blauen Stühlen zu den gelben Stühlen in der Abteilung Stuhlfertigung, beides in Hamburg, geändert wird. Sollte dagegen bei o. g. Punkten eine wesentliche Änderung des Kerns bzgl. Inhalt, Ort, Zeit, etc. eintreten, z. B. die Arbeitszeit von 8 – 12h auf 12 – 18h verlegt, Ihr Arbeitsort von Hamburg nach München oder von den blauen Stühlen der Stuhlfertigung zu einem ganz anderen Einsatz, z. B. der kaufmännische Auftragsannahme Tische, geändert werden, ist das Direktionsrecht überschritten und eine Änderungskündigung notwendig.

Hierbei sollten Ihnen die Begriffe Versetzung und Umsetzung etwas sagen: Bei einer **Versetzung** ändert sich die von Ihnen zu leistende Arbeit und ggf. auch die Arbeitsbedingungen für mehr als vier Wochen im Kern wesentlich. Werden vier Wochen unterschritten liegt auch eine Versetzung vor, wenn sich Ihre Arbeit und die Bedingungen im Kern wesentlich unterscheiden.

Bei einer **Umsetzung** verändert sich dagegen Ihre bisherige Arbeit für maximal vier Wochen unwesentlich, außerdem bleiben Ihre Arbeitsbedingungen mehr oder weniger gleich.

Wissenswert ist hieran, dass Ihr Arbeitgeber eine Umsetzung jederzeit durchführen darf. Bei betrieblichem Bedarf ist das auch ohne Anhörung des Betriebs-/Personalrats zulässig. Bei einer Versetzung muss Ihr Arbeitgeber nicht nur hierfür – soweit vorhanden und bei mindestens 20 + x Arbeitnehmern – den Betriebs-/Personalrat in Ihrem Betrieb um Zustimmung bitten (kollektivrechtlicher Teil, § 99 BetrVG), sondern er kann Ihre Versetzung auch nur dann durchführen, wenn eine Versetzung auf einen – von der Bezahlung, dem zeitlichen und örtlichen Einsatz sowie Ihrer Qualifikation – gleichwertigen Arbeitsplatz in Ihrem Arbeitsvertrag vereinbart wurde (individualrechtlicher Teil). Ansonsten muss Ihr Arbeitgeber eine Änderungskündigung aussprechen, falls Sie der Versetzung nicht zustimmen.

In der Praxis ist die Abgrenzung des Direktionsrechts von der Änderungskündigung teilweise schwierig.

Eine **Änderungskündigung** ist somit immer eine Kündigung Ihres Arbeitsverhältnisses durch den Arbeitgeber, verbunden mit der Fortsetzung des Arbeitsverhältnisses zu geänderten Arbeitsbedingungen, § 2 KSchG.

Änderungskündigungen können ganz normal als ordentliche Kündigungen, aber auch als außerordentliche Kündigungen mit sozialer Auslauffrist, wie auch als außerordentlich fristlose Kündigungen ausgesprochen werden. Üblich ist erstere bei normalen Arbeitnehmern. Die zweite ist selten, z. B. bei tarifvertraglich unkündbaren Arbeitnehmern deren Vertragsbedingungen geändert werden sollen/müssen. Letztere kommt sehr selten, z. B. bei Vertragsänderungen von Arbeitnehmern mit Sonderkündigungsschutz, u. a. nach § 15 KSchG (Betriebsratsmitglied, etc.), vor.

Über die allgemeinen Voraussetzungen einer Kündigung müssen folgende **besondere Voraussetzungen** für eine Änderungskündigung vorliegen:

- Das Angebot zu veränderten Arbeitsbedingungen muss Ihnen – grundsätzlich in einem Schreiben – gleichzeitig mit der (Änderungs-)Kündigung zugehen,

- das Angebot muss alle Änderungen konkret aufführen und so konkret sein, dass Sie nur noch mit Ja oder Nein antworten müssen,

- die Änderung der Arbeitsbedingungen muss sozial gerechtfertigt sein (Schwerpunkt der Prüfung),

- – soweit vorhanden – muss Ihr Betriebs-/Personalrat zur Änderungskündigung ordnungsgemäß angehört werden, s. Betriebs-/Personalratsanhörung und

- – soweit vorhanden – muss der Betriebs-/Personalrat gemäß § 99 BetrVG der grundsätzlich immer gegebenen personellen Maßnahme (Umgruppierung, Versetzung) zustimmen. Zwar führt die fehlende oder falsche Zustimmung nicht zur Unwirksamkeit der Änderungskündigung; sie kann aber erst dann wirksam durchgeführt werden, wenn die Zustimmung des Betriebs-/Personalrats erteilt oder gerichtlich ersetzt wurde – bei einem leitenden Angestellten gemäß § 5 Abs. 3 BetrVG reicht dagegen die bloße Mitteilung aus.

- Im Rahmen der abschließenden Interessenabwägung muss das Interesse des Arbeitgebers an der Änderung des Arbeitsverhältnisses mit Ihrem Interesse an der unveränderten Beibehaltung abgewogen werden.

Ein Schwerpunkt der Rechtmäßigkeit einer Änderungskündigung bildet die soziale Rechtfertigung. Dies geschieht nach einer ähnlichen Prüfung wie bei der Beendigungskündigung des jeweiligen Kündigungsgrundes:

- Bei der **verhaltensbedingten ordentlichen Änderungskündigung** müssen die allgemeinen und besonderen Kündigungsvoraussetzungen vorliegen. Ferner muss das Änderungsangebot, z. B. eine Versetzung, die Störung beseitigen und betrieblich durchführbar sein. D. h. es muss anderweitig eine freie Stelle existieren und diese muss durch Sie fachlich und persönlich übernommen werden können. Das ist in der Praxis sehr selten, auch haben die wenigsten Arbeitgeber Interesse daran aufwändige Versetzungen mit ungewissen Entwicklungen vorzunehmen.

- Im Rahmen der **personen-/krankheitsbedingten ordentlichen Änderungskündigung** müssen neben den allgemeinen und besonderen Kündigungsvoraussetzungen gesundheitliche Gründe die Einnahme eines anderen Arbeitsplatzes notwendig machen. Auch hier muss der andere Arbeitsplatz frei sein und von Ihnen fachlich und speziell gesundheitlich ausgeübt werden können. Aus o. g. Gründen sind personen-/krankheitsbedingte Änderungskündigungen ebenfalls kaum in der Praxis verbreitet.

- Mit Abstand häufigster Fall der seltenen Änderungskündigung ist die betriebsbedingte Änderungskündigung. Das ist speziell auf den **Grundsatz Änderungskündigung <u>vor</u> Beendigungskündigung** zurückzuführen. So wird in der Praxis versucht gesetzeskonform betriebsbedingte Beendigungskündigungen zu vermeiden und den Betrieb im Sinne Ihres Arbeitgebers zu optimieren.

Für die **betriebsbedingte ordentliche Änderungskündigung** müssen neben den allgemeinen folgende besondere Kündigungsvoraussetzungen vorliegen. Das ist der Fall, wenn:

- Die bisherigen Bedingungen Ihres Arbeitsverhältnisses durch dringende betriebliche Gründe – die außer- oder innerbetrieblicher Natur sein können –

geändert werden muss, da ohne dessen Änderung Ihr Arbeitsverhältnis in der unveränderten Form beendet werden müsste, weil Ihr bisheriger Arbeitsplatz dauerhaft wegfällt,

- kein gleichwertiger Arbeitsplatz bzgl. Dauer der Arbeitszeit, Verdiensthöhe, fachlicher und außerfachlicher Qualifikation für Sie zur Verfügung steht,

- in der Sozialauswahl niemand mit Ihnen vergleichbar ist, dem gekündigt werden muss,

- – soweit vorhanden – Ihr Betriebs-/Personalrat zur Änderungskündigung ordnungsgemäß angehört wurde, s. Betriebs-/Personalratsanhörung und

- im Rahmen der abschließenden Interessenabwägung das Interesse des Arbeitgebers an der Änderung des Arbeitsverhältnisses mit Ihnen Ihr Interesse an der unveränderten Beibehaltung überwiegt.

Bei der **außerordentlichen Änderungskündigung mit sozialer Auslauffrist** werden zusätzlich höhere Anforderungen an die Notwendigkeit gestellt die Vertragsbedingungen zu verändern. Bei der **außerordentlich fristlosen Änderungskündigung** muss die sofortige (da ohne Frist (!)) Änderung der Vertragsbedingungen notwendig sein.
Beides ist sehr schwer für Ihren Arbeitgeber zu begründen, zu **beweisen** und in der Praxis kaum relevant.

 Achtung: Eine Änderungskündigung zur **Absenkung der Vergütung** ist nur zulässig, wenn Ihr Arbeitgeber zuvor alle sonstigen Einsparpotenziale ausgeschöpft hat. Eine Änderungskündigung zur **nachträglichen Befristung eines bisher unbefristeten Arbeitsverhältnisses** ist nur zulässig, wenn Sie dem im Rahmen eines einvernehmlichen (Änderungs-)Vertrages zustimmen oder Ihr bisheriger Arbeitsplatz aufgrund vorgenannter Gründe dauerhaft entfällt und nur noch andere – gleichwertige – Tätigkeiten mit Sachgrund (!) befristet vorliegen.

Beide Gestaltungen, wie auch die Nichtbeachtung des Grundsatzes der Änderungskündigung vor der Beendigungskündigung, sind für Ihren Arbeitgeber immer schwierig zu begründen, da er ganz konkret beschreiben und **beweisen** muss, weshalb alles ausgeschöpft wurde, um die Beendigungskündigung zu vermeiden. Es lohnt sich deshalb immer vor Gericht die Frage aufzuwerfen, weshalb Ihr Arbeitgeber im konkreten Fall keine Änderungskündigung gegenüber Ihnen ausgesprochen hat – das bringt jeden Arbeitgeber in Erklärungsnöte!

b) Die Reaktionsmöglichkeiten auf die Änderungskündigung:

Wurde Ihnen – wie üblich – eine ordentliche oder außerordentliche Änderungskündigung mit sozialer Auslauffrist erklärt, müssen Sie bei sämtlichen folgenden Reaktionen Ihre Kündigungsfrist einhalten. Ihre Erklärung gegenüber Ihrem Arbeitgeber muss aber immer **spätestens innerhalb von drei Wochen** nach Zugang der Änderungskündigung abgegeben und ihm zugegangen sein, § 2 Satz 2 KSchG! Diese Fristen kann Ihr Arbeitgeber nicht wirksam verkürzen.

Dagegen sind Sie gehalten bei einer – in der Praxis kaum vorkommenden – fristlosen Änderungskündigung direkt zu reagieren, da hier gerade keine Kündigungsfrist existiert.

Ihnen stehen folgende Reaktionsmöglichkeiten zur Verfügung:

- Sie können das Angebot zur Änderung der Vertragsbedingungen direkt **ohne Vorbehalt der sozialen Rechtfertigung annehmen**.

  Beachten Sie, dass eine Annahme auch angenommen wird, wenn Sie keine Erklärung abgeben und einfach – nach Ablauf der Kündigungsfrist bei der ordentlichen und außerordentlichen Kündigung mit sozialer Auslauffrist bzw. bei der außerordentlich fristlosen Änderungskündigung mit Ausspruch und Zugang bei Ihnen – zu den neuen Bedingungen weiterarbeiten (**Annahme durch schlüssiges Handeln**).

In diesem Fall gelten – bei der ordentlichen und außerordentlichen Kündigung mit sozialer Auslauffrist mit Ablauf der Kündigungsfrist bzw. bei der außerordentlich fristlosen Änderungskündigung mit Ausspruch und Zugang bei Ihnen – die neuen, Ihnen mit der Änderungskündigung angebotenen, Arbeitsbedingungen.

- Sie können das Angebot **unter** dem **Vorbehalt der sozialen Rechtfertigung annehmen**. **Gleichzeitig** müssen Sie aber – um die soziale Rechtfertigung überprüfen zu können – eine **Änderungsschutzklage** innerhalb von drei Wochen ab Zugang der Änderungskündigung bei Ihnen erheben. Das ist zwar der aufwändigste, aber auch sicherste und in der Praxis häufigste Fall.

  Sollten Sie die Klagefrist versäumen – und keinen oder einen unwirksamen Antrag auf Zulassung verspäteter Klagen nach § 5 KSchG stellen, s. Notfallplan –, gilt die Änderung als sozial gerechtfertigt und die neuen Arbeitsbedingungen finden auf Ihr Arbeitsverhältnis Anwendung.

  Bis zum Ablauf Ihrer Kündigungsfrist müssen Sie zu den ursprünglichen, ab dem Ablauf Ihrer Kündigungsfrist bis zum rechtskräftigen, also endgültigen, Abschluss des Rechtsstreits zu den neuen Bedingungen arbeiten. Nach Abschluss des rechtskräftigen Rechtsstreits gelten die ursprünglichen Bedingungen, wenn Sie obsiegt haben. Bei Ihrem Unterliegen gelten die neuen Arbeitsbedingungen.

- Sie können das Angebot auf Änderung der Vertragsbedingungen direkt **ablehnen**, was auch der Fall ist, wenn Sie keine Erklärung abgeben und einfach zu den bisherigen Bedingungen weiterarbeiten.

In diesem Fall endet Ihr Arbeitsverhältnis bei der ordentlichen und außerordentlichen Kündigung mit sozialer Auslauffrist mit Ablauf der Kündigungsfrist bzw. bei der außerordentlich fristlosen Änderungskündigung mit Ausspruch und Zugang bei Ihnen. Hiergegen können Sie innerhalb von drei Wochen ab Zugang bei Ihnen maximal eine **Kündigungsschutzklage** erheben. Diese richtet sich aber nur noch <u>gegen</u> die <u>Beendigung</u> des Arbeitsverhältnisses, da Sie die Änderung abgelehnt haben! In dem Verfahren können Sie auch nicht geltend machen, Ihr Arbeitgeber hätte Ihnen einen alternativen Arbeitsplatz anbieten müssen – den Sie ja gerade abgelehnt haben – es sei denn, es gibt einen gleichwertigen Alternativarbeitsplatz, der Ihnen nicht (in der Änderungskündigung) angeboten wurde.

 Beispiel: Änderungskündigung mit Ihren unterschiedlichen Reaktionsmöglichkeiten
Sehr geehrte(r) Herr/Frau ...,

hiermit kündigen wir Ihnen zum ... (oder zum nächstmöglichen Termin).
Gleichzeitig bieten wir Ihnen hiermit an, ab dem ... die Funktion als ... in ... zu übernehmen.
Folgende Änderungen ergeben sich zu Ihrer bisherigen Position: ... . Im Übrigen gelten Ihre bisherigen Arbeitskonditionen weiter.
Sollten Sie die Änderungen akzeptieren, bitten wir Sie uns dies als Zeichen Ihres Einverständnisses schriftlich mitzuteilen.
Wenn ein Betriebs-/Personalrat besteht zusätzlich:
Die Rechte des Betriebs-/Personalrats wurden gewahrt.
Ggf.: Hinweis auf Arbeitssuchend- und Arbeitslosmeldung.

Mit freundlichen Grüßen

Ort, Datum   Unterschrift Arbeitgeber

An den Arbeitgeber

Sehr geehrte Damen und Herren,

am … ging mir Ihre Änderungskündigung zu.
- Das Angebot nehme ich hiermit an (Annahme ohne Vorbehalt).
- Das Angebot nehme ich unter Vorbehalt (ggf.: der sozialen Rechtfertigung) an und lasse dies überprüfen (Annahme mit Vorbehalt).
- Das Angebot lehne ich hiermit ab (Ablehnung/Vorbehalt besteht nicht).

Mit freundlichen Grüßen

Ort, Datum   Unterschrift Arbeitnehmer

6. Die außerordentliche Kündigung:
Wie bereits angesprochen existiert die:
- ordentliche,
- außerordentlich fristlose und
- außerordentliche Kündigung mit sozialer Auslauffrist.

Für eine außerordentliche Kündigung – gleichgültig ob im zweiten oder dritten Fall – gelten gesteigerte Voraussetzungen, weil die außerordentliche Kündigung auch schärfere Konsequenzen für Sie als Arbeitnehmer bewirkt. Über die allgemeinen und besonderen **Voraussetzungen** müssen folgende vorliegen:

- Es muss immer ein **wichtiger Grund** für die außerordentliche Kündigung bestehen. Das ist der Fall, wenn Tatsachen vorliegen, die dem Kündigenden unter Berücksichtigung aller Umstände des Einzellfalls und unter Abwägung der Interessen beider Vertragsteile die Fortsetzung des Arbeitsverhältnisses bis zum Ablauf der individuellen Kündigungsfrist oder (bei einer Befristung) bis zu der vereinbarten Beendigung des Arbeitsverhältnisses nicht zugemutet werden kann, § 626 BGB.
Der Sachverhalt, der den wichtigen Grund begründet, muss <u>an sich</u> und auch im vorliegenden <u>Einzelfall</u> unter Berücksichtigung der Interessen beider Parteien geeignet sein die außerordentliche Kündigung zu rechtfertigen.

- Die außerordentliche Kündigung kann immer nur innerhalb der **Zwei-Wochen-Frist** erfolgen, seitdem der Kündigende Kenntnis vom wesentlichen Kündigungssachverhalt hat, § 626 Abs. 2 BGB. Während dieser Frist ist Ihr Arbeitgeber verpflichtet alles Notwendige zu unternehmen, um den Sachverhalt aufzuklären, wenn er kündigen will. Ferner muss – soweit vorhanden – der Betriebs-/Personalrat zur beabsichtigten Kündigung angehört und dessen Reaktion abgewartet werden, wobei dieser seine dreitägige Frist gemäß § 102 Abs. 2 BetrVG ausschöpfen kann. Die Einhaltung der Fristen ist in der Praxis sehr schwierig, so dass Sie hier genau hinsehen sollten!

- – Soweit vorhanden – muss Ihr Betriebs-/Personalrat zur außerordentlichen Kündigung ordnungsgemäß angehört werden, s. Betriebs-/Personalratsanhörung, und

- im Rahmen der abschließenden Interessenabwägung muss das Interesse des Arbeitgebers an der Beendigung des Arbeitsverhältnisses mit Ihnen ge-

genüber Ihrem Interesse an der Fortsetzung über-
wiegen.

Achtung: Die **Gründe** für eine außerordentliche
Kündigung können durch Vereinbarungen in Arbeitsverträgen o. ä. nicht erweitert werden, so dass eine
außerordentliche Kündigung deshalb nicht bei Baga-
tellgründen zulässig ist, z. B. wenn Sie den Auftrag x
nicht bis morgen erledigt haben, im Büro anstelle
von Büro- Freizeitkleidung tragen, etc. Eine außer-
dentliche Kündigung kann auch **nie** durch eine Vereinbarung im Arbeitsvertrag o. ä. **ausgeschlossen**
werden.

Beachten Sie, dass Ihnen bei einer außerordentlichen Kündigung auf Verlangen sämtliche konkreten
Kündigungsgründe durch Ihren Arbeitgeber schriftlich **genannt** werden müssen, § 626 Abs. 2 Satz 3
BGB.

Sollten o. g. Voraussetzungen der außerordentlichen
Kündigung – unabhängig von einem betriebs-, per-
sonen-/krankheits- oder verhaltensbedingten Kündigungsgrund nicht vorliegen – ist die außerordentliche
Kündigung direkt unwirksam. Sie kann aber aus
demselben Kündigungssachverhalt automatisch **in
einen ordentliche Kündigung umgedeutet** werden. In dem Fall wird gerichtlich zwar festgestellt,
dass die außerordentliche Kündigung Ihr Arbeitsverhältnis nicht beendete, aufgrund der Umdeutung wird
der zur Kündigung führende Sachverhalt aber anhand der Voraussetzungen der ordentlichen Kündigung geprüft. Da diese gegenüber einer außerordentlichen Kündigung geringere Voraussetzungen
hat, ist sie meist wirksam, so dass Sie zwar die Kündigungsfrist gewonnen haben, Ihr Arbeitsverhältnis
aber trotzdem endet. Das wird in der Praxis von Arbeitnehmern oft nicht gesehen!

Kaum praxisrelevant sind dagegen die Fälle des §
628 Abs. 2 BGB: Sollten Sie selbst außerordentlich

gekündigt haben, weil Ihr Arbeitgeber großen Mist machte, haben Sie einen Anspruch auf Schadenersatz. Hier können Sie üblicherweise entgangene Vergütungen bzw. eine entgangene Abfindung verlangen, da hierin – unter Anrechnung von etwaigen Zwischenverdiensten – Ihr Schaden liegen wird. Unabhängig hiervon kann Ihr Arbeitgeber von Ihnen Schadensersatz verlangen, wenn ihm durch Ihr Fehlverhalten, das ihn zur außerordentlich fristlosen Kündigung gezwungen haben muss (!), ein Schaden entgangen ist. Hinterfragen Sie dann ganz konkret, ob und worin der Schaden liegen soll, da Arbeitgeber teilweise provozieren oder bluffen, um Ihnen Angst einzujagen und Sie zu etwas veranlassen wollen. In der Praxis lässt sich ein solcher Schaden nämlich kaum begründen, geschweige denn in Euro berechnen!

7. Der Sonderkündigungsschutz:

Sonderkündigungsschutz steht Ihnen – über o. g. Regelungen des KSchG, etc. – in besonderen Fällen zu. Da das Arbeitsrecht Arbeitnehmerschutzrecht ist, sollen diejenigen sehr intensiv geschützt werden, die es im Arbeitsleben sehr schwer haben.

Sonderkündigungsschutz bedeutet, dass Ihnen über die allgemeinen und besonderen nur unter **zusätzlich gesteigerten Voraussetzungen** arbeitgeberseitig gekündigt werden kann. Eigenkündigungen durch Sie sind dagegen z. T. unter etwas erhöhten Voraussetzungen möglich.

Da für Sie oft die Existenz auf dem Spiel steht und in der Praxis bei zustehendem Sonderkündigungsschutz von Arbeitgebern viele Fehler gemacht werden, sollten Sie intensiv gegen die Kündigung vorgehen, um zumindest eine hohe Abfindung zu erlangen.

Sonderkündigungsschutz steht Ihnen in folgenden Situationen zu:

a) Der Arbeitszeitwechsel:
Vollzeit-Teilzeit – Teilzeit-Vollzeit
Weigern Sie sich von Ihrer Vollzeitstelle in eine Teilzeitstelle oder umgekehrt zu wechseln, kann Ihnen deshalb nicht gekündigt werden, § 11 TzBfG.

b) Der Mutterschutz:
Während der Schwangerschaft und **bis zum Ablauf von vier Monaten nach der Entbindung** ist eine arbeitgeberseitige Kündigung unzulässig, wenn Ihrem Arbeitgeber zur Zeit des Kündigungsausspruchs Ihre Schwangerschaft oder Entbindung **bekannt** war **bzw. binnen zwei Wochen nach Zugang der Kündigung mitgeteilt** wird, § 17 MuSchG.

 Achtung: Sollte Ihr Arbeitgeber nicht wissen, dass Sie schwanger sind/entbunden haben – haben Sie Ihm die Schwangerschaft/Entbindung also nicht **mitgeteilt** und auch nicht **durch Attest nachgewiesen**, wozu Sie im eigenen gesundheitlichen Interesse nach § 15 MuSchG verpflichtet sind, oder haben Sie Ihrem Arbeitgeber nicht innerhalb von zwei Wochen nach Zugang der Kündigung bei Ihnen die Schwangerschaft/Entbindung mitgeteilt – ist das gleichgültig, wenn Sie hieran <u>kein Verschulden</u> trifft und Ihrem Arbeitgeber <u>unverzüglich</u>, d. h. maximal drei Tage, nach Zugang der Kündigung bei Ihnen nachträglich Ihre Schwangerschaft/Entbindung mitteilen. Ansonsten ist die Kündigung trotz Ihres Sonderkündigungsschutzes wirksam!
Sie sollten deshalb auf jeden Fall **beweisen** können, dass Sie Ihrem Arbeitgeber Ihre Schwangerschaft bzw. Entbindung mitgeteilt haben. Lassen Sie sich das durch Ihren Arbeitgeber schriftlich bestätigen. Sollte das nicht erfolgen, sind Sie vorgewarnt und übersenden das Attest per e-mail-Anhang bzw. Einschreiben mit Rückschein und besorgen sich einen zuverlässigen Zeugen!

In seltenen Einzelfällen, die nicht mit dem Zustand der werdenden Mutter während der Schwangerschaft oder ihrer Lage bis zum Ablauf von vier Monaten nach der Entbindung zusammenhängen, kann die für den Arbeitsschutz zuständige **oberste Landesbehörde** oder die von ihr bestimmte Stelle ausnahmsweise die Kündigung **für zulässig erklären**, § 17 Abs. 2 MuSchG.

Hierfür müssen aber über o. g. allgemeine und besondere Kündigungsvoraussetzungen ganz besondere Bedingungen für die Arbeitgeberkündigung vorliegen, z. B. ein besonders intensives Fehlverhalten von Ihnen bei der verhaltensbedingten Kündigung, eine besonders bedrohliche finanzielle Belastung für Ihren Arbeitgeber im Rahmen der krankheitsbedingten Kündigung bzw. eine Komplettstilllegung eines Betriebes bei der betriebsbedingten Kündigung.

Gegen vorgenannten Bescheid können Sie und Ihr Arbeitgeber Widerspruch und Anfechtungsklage erheben, was sich immer lohnt!

 Achtung: Die Zustimmung der Behörde muss zum Zeitpunkt des <u>Kündigungsausspruchs</u> durch den Arbeitgeber vorliegen. Sollte die Kündigung <u>ohne</u> die <u>Zustimmung</u> ausgesprochen werden, ist sie immer unwirksam!

Unabhängig davon ist Ihr Arbeitgeber verpflichtet den zulässigen Kündigungsgrund <u>schriftlich</u> in der Kündigung zu nennen, § 17 Abs. 2 MuSchG, ansonsten ist die Kündigung ebenfalls direkt unwirksam. Das gilt sowohl für eine Kündigung mit als auch ohne Beteiligung o. g. Behörde.

In der Praxis sind Kündigungen von Schwangeren extrem selten, weil das vor Gericht schlecht wirkt, die Schwangerschaft simpel bewiesen werden kann, die Fristen überschaubar sind und sich die gesetzlichen Folgen automatisch ergeben. Probleme können bei Ihrem fehlendem Beweis der Schwangerschaft/Entbindung auftreten, den Sie deshalb streng beachten müssen! Die Einschaltung der Behörde wird von sehr wenigen Arbeitgebern versucht, da die Anforderungen für eine Zustimmung und dann erfolgende Kündigung äußerst hoch sind. Entweder sind solche Arbeitgeber rechtlich nicht erfahren oder können bzw. wollen die überschaubare Zeit der Schwangerschaft und viermonatigen Schutzfrist nach der Entbindung nicht abwarten. Zwar wird ein Arbeitsausfall infolge Ihrer Schwangerschaft/Entbindung bei vielen Arbeitgebern immer noch als nachteilig empfunden und führt z. T. zu schlechter Stimmung. In den seltensten Fällen sprechen Arbeitgeber aber während o. g. Schutzfrist eine Kündigung aus. Oft wird danach gekündigt, auch mit Sorge Sie könnten eine Elternzeit nehmen oder erneut schwanger werden und ausfallen.

Bei Ihrer **Eigenkündigung** muss das alles nicht beachtet werden. Sie können aber während Ihrer Schwangerschaft und während der Schutzfrist nach der Entbindung gemäß § 3 Abs. 2 MuSchG (acht Wochen; bei Früh- und Mehrlingsgeburten 12 Wochen zzgl. der maximal sechs Wochen vor der Entbindung, die bei Frühgeburten und sonstigen Entbindungen nach § 3 Abs. 2 MuSchG nicht in Anspruch genommen wurden; beim Todesfall des Kindes auf Wunsch der Mutter nicht früher als zwei Wochen nach der Entbindung) ohne Einhaltung einer Frist zum Ende der Schutzfrist nach Ihrer Entbindung kündigen.

c) Die Elternzeit:

Ab dem Zeitpunkt von dem Sie Elternzeit verlangt haben, höchstens aber acht Wochen vor deren Beginn und während der Elternzeit darf Ihnen Ihr Arbeitgeber nicht kündigen, § 18 Abs. 1 BEEG.
Eine arbeitgeberseitige Kündigung ist ebenfalls unwirksam, wenn Sie während der Elternzeit bei demselben Arbeitgeber Teilzeit arbeiten oder – ohne Elternzeit in Anspruch zu nehmen – Teilzeitarbeit leisten und Anspruch auf Elterngeld haben, § 18 Abs. 2 BEEG.

In besonderen Fällen kann die für den Arbeitsschutz zuständige oberste Landesbehörde oder die von ihr bestimmte Stelle diese Kündigung ausnahmsweise für zulässig erklären, § 18 Abs. 1 BEEG.
Kündigungen in der Elternzeit kommen in der Praxis selten vor, weil sie kaum Aussicht auf Erfolg haben und auch nicht für einen sozialen Arbeitgeber sprechen.

Sprechen Sie eine **Eigenkündigung** aus können Sie nur zum Ende der Elternzeit unter Einhaltung einer Kündigungsfrist von drei Monaten kündigen, § 19 BEEG.

d) Der pflegende Arbeitnehmer:

Gemäß § 5 PflegeZG kann Ihnen Ihr Arbeitgeber von der Ankündigung bis zur Beendigung Ihrer kurzzeitigen Arbeitsverhinderung bzw. Pflegezeit nicht kündigen.
Auch hier kann die Kündigung in besonderen Fällen von der obersten Landesbehörde für Arbeitsschutz oder die von ihr bestimmten Stelle für zulässig erklärt werden. Gleiches gilt während der Inanspruchnahme der Familienpflegezeit und Nachpflegephase, § 9 FPfZG. Das ist aber eine absolute Ausnahme, da die Anforderungen extrem hoch sind und das Zustimmungsersetzungsverfahren lange dauert.
Deshalb kommen Kündigungen in der Pflegezeit in der Praxis kaum vor, weil sie wenig Potenzial haben.

e) Die Schwerbehinderung/Gleichstellung:

Speziell Arbeitnehmer sind behindert, wenn ihre körperliche Funktion, geistige Fähigkeit oder seelische Gesundheit mit hoher Wahrscheinlichkeit länger als sechs Monate von dem für das Lebensalter typischen Zustand abweicht und daher ihre Teilhabe am Leben in der Gesellschaft beeinträchtigt ist, § 2 Abs. 1 SGB IX.
Schwerbehindert sind Menschen, wenn bei ihnen ein Grad der Behinderung (GdB) von mindestens 50 % vorliegt und sie ihren Wohnsitz, ihren gewöhnlichen Aufenthalt oder ihre

Beschäftigung in Deutschland haben, § 2 Abs. 1 SGB IX. Dagegen sind Arbeitnehmer mit einem GdB zwischen 30 und 49 % einem Schwerbehinderten gleichgestellt (**Gleichgestellte**), § 2 Abs. 3 SGB IX.
Für die Schwerbehinderung im Sinne des Gesetzes muss nur die tatsächliche gesundheitliche Schwäche vorliegen. Sie muss grundsätzlich nicht medizinisch festgestellt und behördlich durch einen **Schwerbehindertenausweis** dokumentiert worden sein. Auf Ihren **Antrag** stellt das Versorgungsamt das jedoch fest, was Ihnen auf jeden Fall zum Nachweis gegenüber Ihrem Arbeitgeber und anderen Behörden zu empfehlen ist, § 152 SGB IX. Die Gleichstellung erfolgt dagegen durch die Agentur für Arbeit Ihres Wohnsitzes, wenn Sie infolge ihrer Behinderung ohne die Gleichstellung keinen geeigneten Arbeitsplatz erlangen oder behalten können, § 151 SGB IX.

 Achtung: Für das Eingreifen des Sonderkündigungsschutzes ist dagegen entscheidend, dass Sie spätestens zum Zeitpunkt des Kündigungsausspruchs – also vor Zugang der Kündigung bei Ihnen – als Schwerbehinderter/Gleichgestellter durch den Ausweis **anerkannt** sind oder mindestens drei Wochen vor dem Zugang bei Ihnen den **Antrag auf Schwerbehinderung bzw. Gleichstellung gestellt** haben, § 173 SGB IX.

Vor jeder arbeitgeberseitigen Kündigung von Schwerbehinderten und Gleichgestellten ist immer die **Zustimmung des Integrationsamts** notwendig, ansonsten ist die Kündigung immer unwirksam (**Integrationsamtsverfahren**), § 168 SGB IX.
Für:

- **Eigenkündigungen**,
- Kündigungen bei weniger als sechs Monaten Beschäftigung (entspricht fast immer der Probezeit),
- Beendigungen durch Aufhebungsvertrag,

- Kündigungen von über 58 Jährigen, die eine Abfindung o. ä. aus einem Sozialplan haben,
- Kündigungen bei denen Knappschaftsausgleichsleistungen oder Anpassungsgeld im Bergbau bestehen,
- witterungsbedingte Kündigungen, bei denen die Wiedereinstellung bei besserer Witterung gewährleistet ist und
- Arbeitsverhältnisse karikativer, wiederherstellender, arbeitsbeschaffender oder gewählter Art

muss das nicht beachtet werden, § 173 SGB IX. In diesen Fällen erfolgt in der Praxis eine Information des Integrationsamts, bei dem die Behörde der Vollständigkeit halber unterschreibt, sich aber nicht intensiv für eine Fortsetzung Ihres Arbeitsverhältnisses einsetzt. Bei dem Normalfall der Arbeitgeberkündigung versucht das Integrationsamt dagegen meist durch finanzielle Zuschüsse, Vorschläge zur leidensgerechten Arbeit und/oder Stundenreduktion bzw. Versetzungen Ihr Arbeitsverhältnis in Ihrem Interesse aufrechtzuerhalten.

Sollte keine Kündigung erfolgen, Ihr Arbeitsverhältnis aber **wegen** einer teilweisen **Erwerbsminderung** (ggf. auf Zeit) oder einer **Berufsunfähigkeit** (ggf. auf Zeit) **beendet** werden, müssen auch alle Voraussetzungen der ordentlichen Kündigung beim Integrationsamtsverfahren eingehalten werden, § 175 SGB IX, d. h. die Zustimmung des Integrationsamtes zur Beendigung Ihres Arbeitsverhältnisses ist auch hier notwendig.

Bzgl. der diversen Fristen die Ihr Arbeitgeber beachten muss werden in der Praxis immer viele Fehler gemacht, die zur Unwirksamkeit der Kündigung führen. Deshalb sollten Sie diese immer genau überprüfen!
Bei einer **außerordentlich fristlosen** bzw. **außerordentlichen Kündigung mit sozialer Auslauffrist** muss die Zustimmung des Integrationsamtes innerhalb von zwei Wo-

chen durch Ihren Arbeitgeber beantragt werden, wobei die **Antragsfrist** beginnt, wenn Ihr Arbeitgeber von den maßgebenden Tatsachen für die Kündigung erfährt, § 174 SGB IX. Bei der **ordentlichen Kündigung** existiert keine Frist für die Antragstellung.

Wundern Sie sich nicht wie lange manche Integrationsämter für eine Entscheidung benötigen. Bei einer außerordentlich fristlosen und außerordentlichen Kündigung mit sozialer Auslauffrist muss das Integrationsamt zwar innerhalb von zwei Wochen entscheiden. Wird aber keine Entscheidung getroffen, gilt die Zustimmung als erteilt, § 171 SGB IX. Dagegen soll das Integrationsamt binnen eines Monats bei einer ordentlichen Kündigung entscheiden, § 171 SGB IX, wobei das z. T. Monate dauern kann und arbeitgeberseitig durch häufiges kontaktieren und eine gerichtliche Untätigkeitsklage beschleunigt werden kann (**Entscheidungsfrist**). In der Praxis machen hiervon aber nur sehr wenige Arbeitgeber Gebrauch. Eine Zustimmungsfiktion wie bei der außerordentlichen Kündigung gibt es bei der ordentlichen Kündigung nicht.

Stimmt das Integrationsamt zu, kann die ordentliche Kündigung nur binnen eines Monats, § 171 SGB IX, die außerordentlich fristlose bzw. außerordentliche mit sozialer Auslauffrist nur unverzüglich, d. h. maximal drei Tage, nach der Entscheidung des Integrationsamts ausgesprochen werden (**Ausspruchsfrist**). Die Kündigung muss Ihnen auch während dieser Fristen zugehen, ansonsten ist die Kündigung immer unwirksam! Sollte schon die Zustimmung durch das Integrationsamt nicht erfolgen, kann Ihnen ebenfalls nicht wirksam gekündigt werden!

Gibt es in Ihrem Betrieb einen **Betriebs-/Personalrat**, muss der zum Zeitpunkt des Ausspruchs der arbeitgeberseitigen Kündigung nicht nur durch Ihren Arbeitgeber angehört worden, sondern zusätzlich mindestens die Frist für dessen Reaktion abgelaufen sein (eine Woche maximal bei der ordentlichen und drei Tage bei der außerordentlich fristlosen bzw. außerordentlichen Kündigung mit sozialer Auslauffrist), wobei der Betriebs/Personalrat auf diese Fristen verzichten

kann. Das muss aber Ihr Arbeitgeber **beweisen**. Sollte der Betriebs-/Personalrat nicht angehört und/oder die Fristen nicht beachtet worden sein, s. Betriebs-/Personalratsanhörung, ist die Kündigung ebenfalls unwirksam!
Ihre **Kündigungsfrist** darf im Übrigen nie kürzer sein als vier Wochen, § 169 SGB IX, auch wenn das anders vereinbart sein sollte. Die falsche Frist führt aber nicht zur Unwirksamkeit der Kündigung. Es wird dann in die jeweils richtige umgedeutet.

 Achtung: Das Integrationsamt überprüft ausschließlich, ob Ihnen gekündigt wird nur weil Sie schwerbehindert/gleichgestellt sind. Andere Gründe, Verstöße gegen das KSchG, eine fehlerhafte Betriebs-/Personalratsanhörung o. ä., werden durch das Integrationsamt nie geprüft. Das ist ausschließlich Aufgabe des Arbeitsgerichts (**Prüfungsumfang**). Das wissen in der Praxis auch Profis arbeitgeber- und arbeitnehmerseitig häufig nicht. Hierdurch können teilweise unerfahrene Arbeitgeber außergerichtlich gebluftt werden, wodurch – zumindest – bis zum Erkennen des Irrtums eine Kündigung vermieden werden kann!
Beachten Sie aber, dass das Integrationsamt bei Betriebseinschränkungen, -auflösungen und in der Insolvenz die **Zustimmung vereinfacht** erteilt, § 172 SGB IX.

Der **Ablauf des Integrationsamtsverfahrens** gestaltet sich wie folgt:
Neben o. g. **Antrag** Ihres Arbeitgebers findet üblicherweise ein **persönlicher Termin** von gut zwei Stunden vor der Entscheidung des Integrationsamts statt. Hieran nehmen Sie – zu empfehlen: Ihr Anwalt –, ein Vertreter des Integrationsamts und Ihr Arbeitgeber meist mit dessen Anwalt teil.
Im Termin wird der Grund für die Kündigung besprochen, außerdem möchte das Integrationsamt zwischen den Zeilen die Arbeitsatmosphäre und das Verhältnis zwischen Ihnen und Ihrem Arbeitgeber erfahren. Im Termin kommt gegen

Ende immer die Frage einer gütlichen Einigung, d. h. der Beendigung gegen Zahlung einer Abfindung die dann diskutiert werden kann auf, wenn gemeinsam keine andere Lösung anstatt der Beendigung Ihres Arbeitsverhältnisses gefunden werden kann. Kommt eine Einigung zustande, was vorher schon zwischen professionellen Anwälten versucht wurde, wird knapp festgestellt, dass Ihr Arbeitsverhältnis durch Aufhebungsvertrag/Vergleich endet und das Integrationsamtsverfahren beendet ist. Haben Sie sich dbzgl. schon vor dem Integrationsamtstermin über einen Vergleich geeinigt, kommt es üblicherweise zu keinem persönlichen Termin. Dann wird das notwendige Integrationsverfahren knapp förmlich durch den Antrag Ihres Arbeitgebers eingeleitet und gleichzeitig mitgeteilt, dass bereits eine Einigung vorliegt. Die Konditionen werden hierbei meist nicht mitgeteilt, um eine Einflussnahme des Integrationsamts zu vermeiden, die dbzgl. aber kaum erfolgen würde. Das Integrationsamt fragt dann bei Ihnen an, ob Sie dem Vergleich zustimmen, was Sie über Ihren Anwalt bejahen. In dem Fall stimmt das Integrationsamt ohne eine Prüfung in der Sache durch Feststellung förmlich zu, so dass das Arbeitsverhältnis durch Aufhebungsvertrag/Vergleich endet und das Integrationsamtsverfahren beendet ist. Da Ihr Arbeitgeber selbst Interesse an einer schnellen Klärung und Ihrem schnellen, rechtssicheren Ausscheiden hat, wird er den Antrag zügig stellen. Sie können keinen Antrag stellen, aber Ihren Arbeitgeber um Beschleunigung bitten.

In der Praxis wird von manchen Anwälten aber kein Aufhebungsvertrag außergerichtlich abgeschlossen, da Ihnen hierdurch eine Sperre beim Bezug von Arbeitslosengeld drohen könnte und Sie bei guter rechtlicher Beratung deshalb mindestens in derselben Höhe eine höhere Abfindung von Ihrem Arbeitgeber verlangen. Solche Anwälte bitten um eine Zustimmung des Integrationsamts, auch wenn eine Einigung gefunden wurde. Das Integrationsamt stimmt dann der Form halber der beabsichtigten Kündigung immer zu, verweist aber auch – so wie es die Anwälte machen – auf die Einigung. In dem Fall wartet Ihr Arbeitgeber die förmliche

Zustellung o. g. schriftlichen Feststellung bzgl. der Beendigung und Entscheidung des Integrationsamtsverfahrens durch die Behörde ab, was ca. eine Woche dauert. Dann kündigt er Ihnen. Sie klagen dagegen binnen der dreiwöchigen Klagefrist, informieren das Gericht über den Aufhebungsvertrag/Vergleich und bitten um gerichtliche Protokollierung desselbigen im schriftlichen Verfahren, damit Sie keinen separaten Termin vor dem Arbeitsgericht wahrnehmen müssen. Das nimmt ca. eine weitere Woche in Anspruch. Dann ist Ihr einvernehmliches Ausscheiden erledigt und gerichtlich festgestellt, so dass Sie beim Bezug von Arbeitslosengeld keine Sperre erhalten oder Probleme im Fall Ihrer (Früh-)Verrentung haben.

Kommt keine Einigung zustande, muss eine Entscheidung des Integrationsamts erfolgen, d. h. entweder stimmt das Integrationsamt der Kündigung zu oder nicht. Zu den Fristen und der teilweisen Fiktion, s. o. Entscheidungsfrist. In beiden Fällen kann die jeweils unterliegende Partei gegen die Entscheidung des Integrationsamts vorgehen: 1. durch einen Widerspruch und – falls das nicht reicht – 2. durch eine Klage vor dem Verwaltungs-/Sozialgericht erster, zweiter und selten dritter Instanz, was Jahre dauert. Solange keine rechtskräftige, d. h. abschließende Zustimmung durch das Integrationsamt bzw. das Gericht vorliegt, kann Ihr Arbeitgeber Ihnen nicht kündigen. Liegt eine Zustimmung durch das Integrationsamt vor und erheben Sie Widerspruch und ggf. Klage, müssen Sie gleichzeitig gegen die ausgesprochene Kündigung binnen drei Wochen klagen. Der Rechtsstreit wird dann aber ausgesetzt, d. h. auf Pause gedrückt, da über die Zustimmung des Integrationsamts noch nicht rechtskräftig entschieden ist. *Liegt irgendwann die Zustimmung vor*, wird das Kündigungsverfahren vor Gericht wieder aufgenommen und fortgesetzt, notfalls über die erste, zweite und selten die dritte Instanz. *Liegt irgendwann die Zustimmung nicht vor*, wird das Kündigungsverfahren vor Gericht der Form halber kurz aufgenommen und mangels Zustimmung des Integrationsamts festgestellt, dass die Kündigung unwirksam war. Dann ist das Verfahren beendet. Hierin liegt Ihr Vorteil bei einer fehlenden Einigung: <u>Je</u> länger die Verfahren dauern, <u>desto</u> teurer wird es für Ihren Arbeitgeber und <u>desto</u> eher wird er einem Vergleich vor Gericht mit einer für Sie akzeptablen Abfindung zustimmen. Aus diesem Grund lohnt es sich für Sie intensiv zu kämpfen! Teilweise bieten Ihnen Arbeitgeber auch hier Prozessbeschäftigungs-vereinbarungen an, s. Prozessbeschäftigungsvereinbarung.

f) Die Betriebs-/Personalratsmitglieder & Sonstige:

Die arbeitgeberseitige Kündigung eines Mitglieds des Be-triebs-/Personalrats, der Jugend- und Auszubildendenvertre-tung/Jugendvertretung, einer Bordvertretung oder eines Seebetriebs-/Personalrats kann **nur außerordentlich** frist-los oder außerordentlich mit sozialer Auslauffrist erfolgen, weil ein wichtiger Grund für die Kündigung notwendig ist. Ordentliche Kündigungen sind deshalb immer unwirksam! Selbst <u>nach</u> der Amtszeit o. g. Arbeitnehmer ist eine ordent-liche Kündigung für ein Jahr (bei Mitgliedern der Bordvertre-tung sechs Monate) von der Beendigung der Amtszeit an ausgeschlossen, § 15 Abs. 1, 2 KSchG, <u>außer</u> die Beendi-gung der Mitgliedschaft beruht auf einer gerichtlichen Ent-scheidung.

Zusätzlich zum wichtigen Grund für die außerordentliche Kündigung muss die **Zustimmung des Betriebs-/Perso-nalrats** nach § 103 BetrVG bzw. dem Vertretungsgesetz auf Bundes- bzw. Bundeslandebene und nicht nur eine normale Anhörung wie üblich nach § 102 BetrVG vorliegen oder – bei Fehlen – gerichtlich ersetzt worden sein. Wird die Kündi-gung vor der rechtskräftigen, d. h. abschließenden Entschei-dung des Gerichts über das Zustimmungsersetzungsverfah-ren ausgesprochen, ist die Kündigung unwirksam!

Bei Mitgliedern des Wahlvorstands vom Zeitpunkt ihrer Be-stellung und bei arbeitgeberseitigen Kündigungen von Wahl-bewerbern vom Zeitpunkt der Aufstellung des Wahlvor-schlags an bis zur Bekanntgabe des Wahlergebnisses kann nicht ordentlich gekündigt werden. Gleiches gilt für sechs

Monaten nach Bekanntgabe des Wahlergebnisses, <u>außer</u> der Wahlvorstand ist durch gerichtliche Entscheidung durch einen anderen Wahlvorstand ersetzt worden. Für die außerordentliche Kündigungsmöglichkeit gilt Vorgenanntes. Die arbeitgeberseitige Kündigung eines Arbeitnehmers, der zur Betriebs-/Wahl- oder Bordversammlung einlädt oder die Bestellung eines Wahlvorstandes beantragt, ist von der Einladung bzw. Antragstellung bis zur Bekanntgabe des Wahlergebnisses nur außerordentlich möglich, § 15 Abs. 3a BetrVG. Außerdem besteht bis zur Wahl für die ersten drei in der Einladung bzw. Antragstellung aufgeführten Arbeitnehmer o. g. Sonderkündigungsschutz. Gleiches gilt für drei Monate, wenn keine Wahl zustande kommt von der Einladung bzw. Antragstellung, § 15 Abs. 3 KSchG.

In der Praxis sind derartige Kündigungen, die einen gesteigerten Aufwand für Ihren Arbeitgeber bedeuten, in ganz wenigen Fällen anzutreffen. Häufig findet gerade eine Betriebs-/Personalratswahl statt und Ihr Arbeitgeber versucht durch vorgenannte Kündigungen Druck auf Betroffene und die Wahl an sich auszuüben, was meist nicht erfolgreich ist.

Für eine **Eigenkündigung** durch Sie müssen o. g. Voraussetzungen nicht einhalten.

g) Die Auszubildenden:
Während der Probezeit, die mindestens einen, maximal aber vier Monate dauert, § 20 BBiG, kann das Ausbildungsverhältnis jederzeit ohne Einhalten einer Kündigungsfrist gekündigt werden.
Nach Ablauf der Probezeit, ist eine Kündigung durch Ihren Ausbilder/Arbeitgeber nur aus wichtigem Grund, d. h. außerordentlich fristlos möglich.

Achtung: Bei der Kündigung eines Auszubildenden muss der **Kündigungsgrund schriftlich im Kündi-**

gungsschreiben genannt werden, ansonsten ist die Kündigung immer unwirksam, § 22 Abs. 3 BBiG.

Vor Ihrer Klage gegen Ihre Kündigung durch den Ausbilder/Arbeitgeber muss in manchen Bundesländern ein **Güteverfahren** vor der IHK bei nichthandwerklichen Gewerbeberufen bzw. der Handwerkskammer bei handwerklichen Berufen durchgeführt werden, § 111 Abs. 2 ArbGG. In diesem persönlichen Termin, der eine gute Stunde dauert, werden die Gründe für die Kündigung gemeinsam besprochen und nach einer Alternative für die Kündigung gesucht. An dem Termin nehmen Sie als Azubi, möglichst Ihr Anwalt, der Ausbilder/Arbeitgeber, ggf. mit dessen Anwalt, sowie ein Vertreter der IHK bzw. Handwerkskammer nebst zwei Beisitzern teil. Kommt keine Alternative – z. B. eine Versetzung in eine andere Abteilung oder einen anderen Betrieb desselben Unternehmens oder ein Ausscheiden gegen Abfindung – für Sie und Ihren Ausbilder/Arbeitgeber in Betracht, ergeht eine Entscheidung des Gremiums. Diese ist für die Zulässigkeit der Kündigung egal. Wichtig ist nur, dass der Termin vor Ihrer Klage durchgeführt wurde, da ansonsten das Gerichtsverfahren ausgesetzt, d. h. auf Pause gedrückt, wird bis der Termin vor der IHK bzw. HK nachgeholt wurde. Wird die Entscheidung des Gremiums nicht innerhalb einer Woche von Ihnen und Ihrem AusbilderArbeitgeber anerkannt, können Sie binnen zwei Wochen nach ergangener Entscheidung Klage beim Arbeitsgericht erheben.

Azubikündigungen kommen in der Praxis oft vor. Aufgrund der hohen Anforderungen einer ausbilder-/arbeitgeberseitigen Kündigung, werden sie aber meist in der Probezeit ausgesprochen.

Z. T. treten Ausbilder/Arbeitgeber auch an Azubis heran und versuchen Sie zu einer Eigenkündigung oder einer Beendigung auf Wunsch beider Parteien durch **Aufhebungsver-**

trag zu bewegen, was deutlich geringere Anforderungen an Ihren Ausbilder/Arbeitgeber stellt. Hierbei werden fast nie Abfindungen gezahlt.

Deutlich bessere Chancen auf eine maßvolle Abfindung und vor allem ein gutes, sauberes Zeugnis sind realistisch, wenn Sie gegen die ausbilder-/arbeitgeberseitige Kündigung vorgehen. Sie sollten im Falle eines **gerichtlichen Vergleich**s über die Abfindung und das Zeugnis zusätzlich ein gutes, sauberes Empfehlungsschreiben Ihres Ausbilders/Arbeitgebers und eine Stillschweigensklausel verlangen, so dass weder Sie noch Ihr Ausbilder/Arbeitgeber über Sie, Ihren Ausbilder/Arbeitgeber, Ihre Leistungen und die Gründe der beendeten Ausbildung sprechen dürfen, da ansonsten von der anderen Partei Schadensersatz verlangt werden kann. Hierdurch können Sie – gerade in ländlichen Gegenden – Klatsch und Tratsch einschränken, der Ihnen bei der Suche nach einem neuen Ausbildungsplatz extrem entgegenstehen kann!

Ihre **Eigenkündigung** als Auszubildender können Sie immer mit einer Kündigungsfrist von vier Wochen erklären, wenn Sie die Ausbildung aufgegeben oder eine andere Berufsausbildung wählen möchten, § 22 BBiG.

h) Die Auszubildenden mit Sonderfunktionen:

Auszubildende, die Mitglied der Jugend- und Auszubildendenvertretung, des Betriebs-/Personalrats, der Bordvertretung oder des Seebetriebsrats sind, können innerhalb von drei Monaten vor Beendigung der Ausbildung vom Ausbilder/Arbeitgeber schriftlich die **Weiterbeschäftigung auf unbeschäftigte Zeit** verlangen, § 78 a Abs. 2 BetrVG.

Ihr Arbeitgeber kann dagegen spätestens bis zum Ablauf von zwei Wochen nach Beendigung der Ausbildung gerichtlich feststellen lassen, dass nach der Ausbildung kein Arbeitsverhältnis begründet bzw. im Fall der Begründung, dieses aufgelöst wird, § 78 a BetrVG. Hierfür sind Gründe notwendig, die intensiverer Natur sind.

Solche Übernahmeverpflichtungen sind in der Praxis selten. Wenn vorgenannte Funktionen aber ausgeübt werden, kommt es in den meisten Fällen zum Streit.

Eine **Eigenkündigung** durch solche Auszubildende mit Sonderfunktionen kann ganz regulär mit einer Kündigungsfrist von vier Wochen erfolgen, wenn die Ausbildung aufgegeben oder eine andere Berufsausbildung gewählt werden soll, § 22 BBiG.
Nachdem die Ausbildung in ein Arbeitsverhältnis übergegangen ist, kann Ihre Eigenkündigung wie in jedem Arbeitsverhältnis immer erklärt werden.

i) Der Betriebs(teil)übergang:
§ 613 a BGB regelt den Betriebs(teil)übergang. Das bedeutet den Übergang des gesamten oder eines Teils des Betriebes auf einen anderen Inhaber, s. Betriebsübergang.
Eine Kündigung durch den Abgeber oder Erwerber des Betriebs(teils) **nur aufgrund des Betriebs(teil)übergangs** ist unwirksam, § 613 BGB. Da betriebs-, personen- und verhaltensbedingte Kündigungsgründe im Fall eines Betriebs(teil)übergangs ganz normal zulässig sind, müssen Sie deshalb beschreiben und **beweisen**, dass der Betriebs(teil)übergang der einzige Grund für die arbeitgeberseitige Kündigung war. Das ist in der Praxis realistischerweise nicht möglich.

Für **Eigenkündigung**en gelten keine Besonderheiten.

j) Die Betriebs(teil)stilllegung:
Im Fall einer **kompletten Betriebsstilllegung** ist eine ordentliche Kündigung der **in § 15 Abs. 1 – 3 KSchG genannte**n **Personen** frühestens zur Stilllegung zulässig, § 15 Abs. 4 KSchG.
Ausnahmsweise kann früher gekündigt werden, wenn das zwingend betrieblich notwendig ist, also ein wichtiger Grund

111

für eine außerordentliche Kündigung mit sozialer Auslauffrist oder eine außerordentlich fristlose Kündigung vorliegt.

Sollte ein in § 15 Abs. 1 – 3 KSchG beschäftigter Arbeitnehmer in einer Abteilung arbeiten, die stillgelegt wird (**Betriebsteilstilllegung**), muss er in eine andere Abteilung <u>übernommen</u> werden, § 15 Abs. 5 KSchG.

Ist das aus betrieblichen Gründen nicht möglich, kann Ihnen gekündigt werden, wenn es zwingend betrieblich notwendig ist, d. h. wieder ein wichtiger Grund für eine außerordentliche Kündigung mit sozialer Auslauffrist oder eine außerordentlich fristlose Kündigung gegeben ist.

In der Praxis ist eher die Betriebsteilstilllegung mit der Übernahmeverpflichtung entscheidend, die oft übersehen wird!

Für **Eigenkündigungen** gelten keine Besonderheiten.

k) Der exotische Sonderkündigungsschutz:

Selten, aber umso wichtiger steht Ihnen Sonderkündigungsschutz zu, wenn auf Ihren Betrieb ein **Tarifvertrag oder** eine **Betriebs-/Dienstvereinbarung** Anwendung findet, in dem Sonderkündigungsschutz vereinbart wurde.

Das ist häufig der Fall bei bestimmten **Altersgrenzen in Verbindung mit** einer **Mindestbetriebszugehörigkeit** oder **Beschäftigungssicherungsvereinbarungen**, bei denen diverse Arbeitnehmer entlassen werden dürfen, aber für die Verbleibenden ein Ausschluss der ordentlichen Kündigung, der dem Sonderkündigungsschutz gleichzusetzen ist, garantiert wurde.

Darüber hinaus steht Ihnen bei bestimmten Sonderaufgaben Sonderkündigungsschutz zu, nämlich bei:

- **Datenschutzbeauftragten**, Art 37 EU-DSGVO, § 38 BDSG,
- **Immissionsschutzbeauftragten** § 58 BImSch,
- **Mitgliedern im Gemeinde-/Kreisrat**, etc.

8. Der Auflösungsantrag:
a) Der Auflösungsantrag bei der ordentlichen Kündigung:

Stellt das Gericht fest, dass:

* die arbeitgeberseitige **Kündigung unwirksam** und

* Ihnen die **Fortsetzung** des Arbeitsverhältnisses **nicht zumutbar** ist, löst das Gericht <u>auf Ihren Antrag</u> das Arbeitsverhältnis auf und verurteilt Ihren Arbeitgeber zur Zahlung einer Abfindung, § 9 KSchG.

Auch <u>Ihr Arbeitgeber</u> kann den Auflösungsantrag stellen. Hierfür müssen aber Gründe vorliegen, die eine den **Betriebszwecken dienliche weitere Zusammenarbeit zwischen Ihnen und Ihrem Arbeitgeber** nicht erwarten lassen. Mindestens Animositäten, Beleidigungen, Drohungen, etc. müssen hierfür vorliegen.

 Achtung: Beachten Sie, das der Antrag durch beide <u>bis zum Schluss der letzten mündlichen Verhandlung</u> selbst in der zweiten Instanz (Berufung) gestellt werden kann. Hierfür muss über den Kündigungsgrund aber spätestens zum Zeitpunkt der letzten mündlichen Verhandlung ein **weiterer Grund** für die Auflösung nach Ausspruch der Kündigung gegeben sein, was häufig übersehen wird. Sollte kein weiterer Grund gegeben sein, stellt sich die Frage einer Auflösung/Beendigung des Arbeitsverhältnisses durch Vergleichsverhandlungen sehr oft während des Gerichtsverfahrens in erster, zweiter oder dritten Instanz. Insofern dient § 9 KSchG in der Praxis tendenziell dazu Vergleichsverhandlungen zu führen und Ihr Ausscheiden gegen eine Abfindung zu ermöglichen, wenn das Arbeitsverhältnis belastet ist.

Wichtig ist zusätzlich, dass für einen Auflösungsantrag gemäß § 9 Abs. 1 Satz 2 KSchG bei Angestellten in leitender Stellung gemäß § 14 Abs. 2 KSchG, d. h. **Geschäftsführern, Betriebsführern und ähnliche leitenden Angestellten**, soweit diese zur selbstständigen Einstellung oder Entlassung von Arbeitnehmern berechtigt sind, o. g. Grund <u>nicht</u> notwendig ist. Deshalb kann sich Ihr Arbeitgeber von Ihnen hier schneller trennen, auch wenn er dafür eine Abfindung zahlen muss.

Haben Sie gegen Ihre Kündigung ordnungsgemäß Kündigungsschutzklage erhoben und **nimmt Ihr Arbeitgeber** seine ausgesprochene **Kündigung im Gerichtsverfahren zurück** – was möglich ist –, weil er merkt, dass er nicht gewinnen wird oder die Kündigung nur ein(e) Test-/Bluff-/Drohkündigung sein sollte, können Sie trotzdem o. g. Auflösungsantrag nach § 9 KSchG stellen.

Hierfür muss aber über die Kündigung hinaus o. g. Grund vorliegen oder Sie sind leitender Angestellter, s. o. Der Grund lässt sich übrigens oft finden, speziell wenn Sie konkret beschreiben und **beweisen** können, dass die Kündigung tatsächlich ein(e) Test/Bluff/Drohung sein sollte; falls nicht, kann Ihr Ausscheiden aus dem Betrieb gegen eine Abfindung im Wege eines Vergleichs diskutiert werden, was im Ergebnis identisch ist.

Bei der Abfindungs-**Höhe** wird durch das Gericht ein Betrag von <u>12 Bruttomonatsverdiensten</u> festgesetzt. Sollten Sie älter als 55 Jahre sein und hat Ihr Arbeitsverhältnis mindestens 15 Jahre bestanden, können bis zu 15 Bruttomonatsverdienste festgesetzt werden, ansonsten bis zu 18 Bruttomonatsverdienste bei mindestens 20 Jahre bestehendem Arbeitsverhältnis, <u>außer</u> Sie haben zum Zeitpunkt der gerichtlich festgesetzten Auflösung die Regelaltersgrenze erreicht, § 10 KSchG.

Hierbei müssen Sie sich aber **entgangenen Zwischenverdienst** in der Höhe anrechnen lassen, was Sie durch anderweitige Arbeit bei einem anderen Arbeitgeber verdient haben bzw. hätten verdienen können oder an Arbeitslosengeld gezahlt wurde, § 11 KSchG. Haben Sie bereits ein neues

Arbeitsverhältnis bei einem anderen Arbeitgeber, können Sie innerhalb einer Woche nach der rechtskräftigen gerichtlichen Entscheidung gegenüber Ihrem alten Arbeitgeber erklären, dass Sie Ihr ursprüngliches Arbeitsverhältnis bei Ihm nicht fortsetzen, § 12 KSchG. Hierdurch erlischt Ihr ursprüngliches Arbeitsverhältnis, Zwischenverdienst nach § 11 KSchG wird Ihnen dann nur für die Zeit zwischen der Entlassung und dem Beginn des neuen Arbeitsverhältnisses gewährt.

Als **Beendigungsdatum** Ihres Arbeitsverhältnisses wird beim Auflösungsantrag gerichtlich immer das Ende der Kündigungsfrist festgesetzt.

b) Der Auflösungsantrag bei der außerordentlichen & sittenwidrigen Kündigung:

Auch bei der außerordentlichen Kündigung, d. h. außerordentlich fristlosen und außerordentlichen Kündigung mit sozialer Auslauffrist, können Sie einen Antrag auf Auflösung des Arbeitsverhältnisses stellen.

Die Voraussetzungen und Rechtsfolgen sind identisch mit denen des Auflösungsantrages bei der ordentlichen Kündigung, wobei der Auflösungszeitpunkt der Zeitpunkt des Ausspruchs der außerordentlichen Kündigung ist.

Ein Auflösungsantrag bei der außerordentlichen fristlosen oder außerordentlichen Kündigung mit sozialer Auslauffrist ist durch Ihren Arbeitgeber nicht möglich.

Bei einer ordentlichen oder außerordentlichen Kündigung, die sittenwidrig ist, gelten ebenfalls dieselben Voraussetzungen und Rechtsfolgen, wie im Rahmen des Auflösungsantrags bei der ordentlichen Kündigung.

Sittenwidrige Kündigungen verlangen aber einen besonders schweren Verstoß, z. B. wegen Diskriminierung Ihres Geschlechts, Ihrer Behinderung, Ihres Alters, etc.

Auch durch diesen Auflösungsantrag soll bezweckt werden, dass Ihr Arbeitsverhältnis in jedem Fall gegen eine Abfindung beendet werden kann, wenn besonders unangenehme Umstände vorliegen und eine Partei Vergleichsverhandlungen aus welchen Gründen auch immer nicht zustimmt!

Nur beachten, wenn ein Betriebs-/Personalrat existiert:

c) Der Auflösungsantrag zur Entfernung betriebsstörender Arbeitnehmer:

Haben Sie durch **gesetzwidriges Verhalten** oder **grobe Verstöße** gegen die in § 75 BetrVG enthaltenen Grundsätze über die normale und angemessene Behandlung von Betriebsangehörigen, speziell durch rassistisches oder fremdenfeindliches Verhalten, den Betriebsfrieden mehrfach und schwer gestört, kann der <u>Betriebs-/Personalrat</u> Ihres Arbeitgebers von diesem Ihre Entlassung oder Versetzung verlangen und das selbstständig vor dem Arbeitsgericht beantragen, wenn Ihr Arbeitgeber das nicht akzeptiert, § 104 BetrVG.

Gewinnt der Betriebs-/Personalrat vor Gericht und kommt Ihr Arbeitgeber Ihrer Entlassung oder Versetzung immer noch nicht nach, kann der Betriebs-/Personalrat die Verhängung von bis zu 250 € für jeden Tag Ihrer Nichtentlassung bzw. Nichtversetzung verhängen und so Druck auf Ihren Arbeitgeber ausüben. Verliert Ihr Betriebs-/Personalrat vor Gericht, bleiben Sie weiter auf Ihrer Stelle im Betrieb bis Ihr Betriebs-/Personalrat bei einem weiteren Verstoß theoretisch erneut tätig wird.

 Achtung: In der Praxis steht der Betriebs-/Personalrat grundsätzlich hinter jedem Arbeitnehmer, d. h. auch hinter Ihnen. Um die Schwelle des § 104 BetrVG zu erreichen muss deshalb nicht nur ein **mehrfaches und schwerwiegendes** Fehlverhalten von Ihnen vorliegen, sondern Sie müssen es sich auch zwischenmenschlich sehr mit Ihrem Betriebs-/Personalrat verscherzt haben. Da eine erzwungene Beendigung eines Arbeitsverhältnisses immer das schärfste Schwert darstellt, müssen vorher immer Gespräche über Ihr Verhalten zwischen Ihnen, ggf. Betroffenen, dem Betriebs-/Personalrat und Ihrem Arbeitgeber stattgefunden haben, ferner mindestens eine einschlägige Abmahnung innerhalb der letzten 12 Monate erklärt und – unabhängig von einer Abmahnung – ein vorübergehender oder dauerhafter Wechsel Ihres Arbeitsplatzes auf einen von Ihrer Vergütung, Ihrer Arbeit, Ihrer Arbeitszeit und sonstigen wesentlichen Arbeitskonditionen gleichwertigen Arbeitsplatz (Umsetzung, Versetzung). Der Auflösungsantrag nach § 104 BetrVG ist das schärfste Mittel, was nur bei **besonders intensiven Verstößen** gewählt werden kann, wenn der **Arbeitgeber untätig** bleibt, dem Schädiger nicht verhaltensbedingt gekündigt wird und ein Betriebs-/Personalrat in Ihrem Betrieb besteht.

§ 104 BetrVG kommt in der Praxis letztlich nie vor, weil Arbeitgeber aus eigenem Interesse Ruhe im Betrieb haben wollen und als ungeschriebene Nebenpflicht aus den Arbeitsverträgen Arbeitnehmer vor Beeinträchtigungen (durch andere Arbeitnehmer) schützen muss, §§ 611, 241, 280 BGB. Unabhängig davon kennen die wenigsten Betriebs-/Personalräte diese Vorschrift oder machen hiervon keinen Gebrauch, weil sie keine Farbe bekennen wollen.

Nur beachten, wenn ein Betriebs-/Personalrat bzw. Sprecherausschuss existiert:

9. Die Betriebs-/Personalrats-/Sprecherausschussanhörung:

Gibt es in Ihrem Betrieb einen Betriebs- (in der freien Wirtschaft) oder einen Personalrat (im öffentlichen Dienst), muss der gemäß § 102 BetrVG bzw. den Regelungen auf Bundes- bzw. Bundeslandebene **vor jeder Kündigung** angehört werden, d. h. vor einer ordentlichen, außerordentlich fristlose und außerordentlichen (Probezeit-, Änderungs- und Beendigungs-)Kündigung mit sozialer Auslauffrist – unabhängig vom Kündigungsgrund.

Das betrifft nicht nur Arbeitnehmer, sondern auch Auszubildende. Bei einer Kündigung von leitenden Angestellten im Sinne von § 5 Abs. 3 BetrVG muss vorher eine Mitteilung an den Betriebs-/Personalrat erfolgen und der Sprecherausschuss muss angehört werden, § 31 SprAuG. Das Prozedere ist dem des § 102 BetrVG nahezu identisch.

Eine Kündigung ohne vorherige ordnungsgemäße Betriebs-/Personalrats- bzw. Sprecherausschussanhörung ist immer unwirksam!

Hierdurch soll eine innerbetriebliche Kontrolle Ihren Arbeitgeber daran hindern willkürlich zu kündigen, indem gewisse Standards an den Kündigungsgrund und das Kündigungsprozedere gestellt werden.

 Achtung: Vor, aber in jedem Fall bei bereits erfolgter Kündigung sollten Sie Ihren **Betriebs-/Personalrat** bzw. **Sprecherausschuss kontaktieren**, um möglichst Detail- und Hintergrundinformationen zu erfahren. Schließen Sie sich auch mit von Kündigungen betroffenen oder nicht betroffenen Kollegen zum Infoaustausch zusammen.

Hierdurch können Sie Ihre Chancen gegen die Kündigung vorzugehen meist deutlich steigern, weil Sie über die rechtlichen Fehler auch tatsächliche Defizite aus erster Hand erfahren können!

Beachten Sie, dass Ihr Arbeitgeber den Betriebs-/Personalrat/Sprecherausschuss **nicht nur schriftlich**, sondern auch mündlich anhören kann. Eine schriftliche Anhörung ist **aber üblich**, speziell weil Ihr Arbeitgeber die richtige und vollständige Anhörung vor Gericht beschreiben und **beweisen** muss, wenn Sie klagen.

 Achtung: Sie können im Ergebnis nicht verlangen, dass Ihr Arbeitgeber Ihnen die mündliche oder schriftliche **Anhörung mitteilt oder zur Verfügung stellt**. Spätestens im Gerichtsverfahren muss er aber die Anhörung beschreiben und **beweisen**, so dass Sie sie dann zur Kenntnis bekommen. Teilweise werden Anhörungen durch Arbeitgeber **bewußt mündlich** durchgeführt. Das geschieht einerseits um Ihnen als Arbeitnehmer eine 1.000 %ig korrekte Anhörung zu präsentieren, die Sie kaum überprüfen können, da ein extrem ergebnisorientiert arbeitender Arbeitgeber-Anwalt diese nach Ausspruch der Kündigung für das Gerichtsverfahren beschreiben wird. Andererseits kann das geschehen, um eine ggf. sogar schriftlich durchgeführte aber fehlerbehaftete Anhörung nicht vorlegen zu müssen und Sie so zu **bluffen**. Letzteres können Sie häufig aufdecken, indem Sie sich nach Ausspruch der Kündigung an den Betriebs-/Personalrat bzw. Sprecherausschuss wenden und fragen, ob wirklich keine schriftliche Anhörung bei Ihm einging!

Das Problem einer mündlichen Anhörung im Gerichtsverfahren liegt nämlich darin, dass Sie – unabhängig von sonstigen Defiziten der Kündigung – kaum Fehler der Anhörung aufdecken können, um die Kündigung unwirksam zu machen. Deshalb müssen Sie bei einer angeblich nur mündlichen Anhörung auf **Indizien** bauen, die eine ausschließlich mündliche Anhörung unwahrscheinlich machen: Z. B. ist eine ausschließlich mündliche Anhörung bei großen, regelmäßig anwaltlich vertretenen Unternehmen extrem unüblich. Auch dass nur bei Ihnen eine mündliche Anhörung durchgeführt worden sein soll, bei Arbeitnehmern die vor, gleichzeitig oder nach Ihnen entlassen wurden, aber regulär eine schriftliche Anhörung durchgeführt wurde, ist ebenso sehr auffällig. Fragen Sie immer direkt bei Ihrem Betriebs-/Personalrat bzw. Sprecherausschuss nach, der ganz genau wissen muss, ob er schriftlich oder mündlich zu Ihrer Kündigung angehört wurde und wie das üblicherweise erfolgt. Da er der Vertreter der Arbeitnehmer im Betrieb ist, muss er Ihnen auch eine solidarisch richtige und rechtzeitige Antwort geben. Stellt Ihr Arbeitgeber im Prozess deshalb dar, der Betriebs-/Personalrat bzw. Sprecherausschuss sei 1a*** mündlich angehört worden, präsentieren Sie – soweit vorhanden – o. g. Indizien und versuchen den Arbeitgeber bzw. dessen Anwalt dazu zu bringen sich zu verquatschen und ins Schleudern zu kommen. Dann ist die Gegenseite vor Gericht äußerst unglaubwürdig, was Sie maximal ausnutzen können!

Da auch **gestaffelte Kündigungen** in einem Kündigungsschreiben:

- 1. außerordentlich fristlos und hilfsweise – für den Fall, dass die Voraussetzungen der außerordentlich fristlosen Kündigung nicht vorliegen sollten – 2. ordentlich oder
- 1. außerordentlich fristlos und hilfsweise – für den Fall, dass die Voraussetzungen der außerordentlich fristlosen Kündigung nicht vorliegen sollten – 2. außerordentlich mit sozialer Auslauffrist (da aufgrund des bestehenden Sonderkündigungsschutzes eine ordentliche Kündigung unzulässig wäre)

zulässig sind (Schrotflintenprinzip), muss Ihr Arbeitgeber zu beiden Kündigungen den Betriebs-/Personalrat bzw. Sprecherausschuss anhören. Wird er nur zu einer der beiden Kündigungen angehört, ist diejenige zu der er den Betriebs-/Personalrat bzw. Sprecherausschuss nicht anhörte immer unwirksam, wenn sie zur Anwendung kommt! Auch eine **Umdeutung**, z. B. einer außerordentlich fristlosen in eine ordentliche Kündigung, ist unwirksam, wenn in Ihrem Betrieb ein Betriebs-/Personalrat bzw. Sprecherausschuss besteht, der nicht von Anfang an zu beiden Kündigungen ordnungsgemäß angehört wurde. Sollte dagegen in Ihrem Betrieb kein Betriebs-/Personalrat bzw. Sprecherausschuss existieren, ist eine Umdeutung einer außerordentlich fristlosen in eine außerordentliche Kündigung mit sozialer Auslauffrist oder in eine ordentliche Kündigung zulässig, wenn sich Ihr Arbeitgeber hierauf im Gerichtsverfahren beruft.

Da bei einer Anhörung sehr, sehr viele Fehler begangen werden, lohnt es sich immer diese extrem genau zu überprüfen!

Fehler, die für die Entscheidung des Betriebs-/Personalrats bzw. Sprecherausschusses wesentlich sind, weil sie zu einer anderen Entscheidung führen können, führen immer zur Unwirksamkeit der Kündigung. Das betrifft speziell Ihre Daten, eine fehlende, falsche oder unvollständige Begründung sowie fehlende, falsche oder unvollständige Daten und Unterschriften der Anhörung seitens des Arbeitgebers.

Eine Anhörung gliedert sich üblicherweise wie folgt:

- Ihre **persönlichen Daten**:
  Ihre Person mit Name, Beschäftigungsort, Arbeitsplatz, Vergütung, Alter, Familienstand, Länge der Betriebszugehörigkeit, Unterhaltspflichten, Schwerbehinderung, Gleichstellung, Sonderkündigungsschutz,

- darüber hinaus einer Bezeichnung der **Art** der Kündigung, d. h. Beendigungs- oder Änderungskündigung, speziell ordentlich, außerordentlich fristlos oder außerordentlich mit sozialer Auslauffrist, (Konkretisierung bei Tat- und/oder Verdachtskündigung) sowie der **Kündigungsfrist** mit Beendigungsdatum,

- der **Begründung**, d. h. Angabe der Gründe, für die Kündigung,

- die **Daten sowie Unterschriften der Arbeitgebervertreter** (Personalleiter o. ä) und

- Platz für die Reaktionsmöglichkeiten Ihres Betriebs-/Personalrats bzw. Sprecherausschusses.

121

Bei Anhörungen zu den unterschiedlichen Kündigungsmodalitäten o. g. Gliederung müssen folgende Detailinhalte durch Ihren Arbeitgeber beschrieben werden:

- Bei einer **betriebsbedingten Kündigung**:
  - ○ Ihre konkreten persönlichen Daten, insbesondere: Beschäftigungsort, Arbeitsplatz, Vergütung, Alter, Familienstand, Länge der Betriebszugehörigkeit, Unterhaltspflichten, Schwerbehinderung/Gleichstellung, Sonderkündigungsschutz,
  - ○ konkrete Beschreibung des „Kapitänsentschlusses" bzgl. Ort, Datum und Gründe,
  - ○ konkrete Beschreibung des dauerhaften Wegfalls Ihres individuellen Arbeitsplatzes,
  - ○ konkrete Beschreibung der inner- und/oder außerbetrieblichen Gründe,
  - ○ konkrete Beschreibung, dass kein alternativer Arbeitsplatz bei Ihren Qualifikationen, Fähigkeiten, etc. vorhanden ist und ein solcher auch nicht binnen Ihrer Individuellen Kündigungsfrist eingenommen werden kann,
  - ○ konkrete Beschreibung, wer aus der Sozialauswahl ggf. vor Ihnen herausgenommen wurde, sodann konkrete Sozialauswahl bzgl. Ihrer Vergleichbarkeit mit anderen konkreten Arbeitnehmern hinsichtlich der jeweiligen Sozialauswahlkriterien mit oder ohne Punkteschema,
  - ○ Bei Betriebsänderung mit Massenentlassung: Interessenausgleichs- (ggf. mit Namensliste) & Sozialplanabschluss zzgl. Massenentlassungsanzeige.
- Bei einer **personen-/krankheitsbedingten Kündigung**:
  - ○ Ihre konkreten persönlichen Daten insbesondere: Arbeitsplatz, Vergütung, Alter, Länge der Betriebszugehörigkeit,

Schwerbehinderung/Gleichstellung, Sonderkündigungsschutz,

- ○ konkrete Auflistung der Fehlzeiten pro Jahr und Grund (negative Gesundheitsprognose),
- ○ konkrete Beschreibung der betrieblichen Beeinträchtigungen (unzumutbare wirtschaftliche Belastungen in Euro/Störung des betrieblichen Ablaufs),
- ○ erfolglose Durchführung des BEM/kein alternativer Schonarbeitsplatz
- Bei einer **Kündigung wegen Leistungsminderung**:
  - ○ Ihre konkreten persönlichen Daten, insbesondere: Arbeitsplatz, Alter, Länge der Betriebszugehörigkeit, Schwerbehinderung/Gleichstellung, Sonderkündigungsschutz,
  - ○ konkrete Beschreibung im Detail mit Ort, Datum, etc., dass die Arbeitsleistung krankheitsbedingt dauerhaft 2/3 unter der Durchschnittsleistung liegt,
  - ○ möglichst konkrete Auflistung der Fehlzeiten pro Jahr und Grund (negative Gesundheitsprognose),
  - ○ möglichst konkrete Beschreibung der betrieblichen Beeinträchtigungen (unzumutbare wirtschaftliche Belastungen in Euro/Störung des betrieblichen Ablaufs),
  - ○ kein milderes Mittel (Schonarbeitsplatz).
- Bei einer **Kündigung wegen Sucht**:
  - ○ Ihre konkreten persönlichen Daten, insbesondere: Arbeitsplatz, Alter, Länge der Betriebszugehörigkeit, Schwerbehinderung/Gleichstellung, Sonderkündigungsschutz,
  - ○ konkrete Beschreibung der Pflichtverletzung im Detail mit Ort, Datum, etc.

- ○ möglichst konkrete Auflistung der Fehlzeiten pro Jahr und Grund (negative Gesundheitsprognose),
- ○ möglichst konkrete Beschreibung der betrieblichen Beeinträchtigungen (unzumutbare wirtschaftliche Belastungen in Euro/Störung des betrieblichen Ablaufs),
- ○ erfolglose Durchführung/Abbruch der Entziehungskur (Suchtvereinbarung/ Alkoholikervergleich).

- Bei einer **verhaltensbedingten Kündigung**:
  - ○ Ihre konkreten persönlichen Daten, insbesondere: Beschäftigungsort, Arbeitsplatz, Vergütung, Sonderkündigungsschutz,
  - ○ konkrete Beschreibung der Pflichtverletzung im Detail mit Ort, Datum, etc.
  - ○ Abmahnungsthematik.

- Bei einer **leistungsbedingten Kündigung**:
  - ○ Ihre konkreten persönlichen Daten insbesondere: Beschäftigungsort, Arbeitsplatz, Vergütung, Alter, Länge der Betriebszugehörigkeit, Schwerbehinderung/Gleichstellung, Sonderkündigungsschutz,
  - ○ konkrete Beschreibung im Detail mit Ort, Datum, etc., dass die Arbeitsleistung verhaltensbedingt nicht ausgeschöpft wird,
  - ○ kein milderes Mittel (Abmahnung, Versetzung).

- Bei einer **Verdachtskündigung**:
  - ○ Ihre konkreten persönlichen Daten, insbesondere: Beschäftigungsort, Arbeitsplatz, Sonderkündigungsschutz,
  - ○ konkrete Beschreibung des dringenden Verdachts im Detail mit Ort, Datum, etc.,
  - ○ konkrete Beschreibung der Anhörung des Arbeitnehmers und dessen Aussagen zum Vorwurf mit Datum.

Achtung: Bei einer **Änderungskündigung** muss neben dem Kündigungsentschluss auch das abändernde Angebot konkret und vollständig angegeben werden.

Über vorgenannte Inhalte muss Ihr Arbeitgeber auch Fristen einhalten, **Fristen Nr. 1**:
Bei einer Kündigung kann er seit seiner Kenntnis vom Kern des Kündigungsgrundes nicht unnötig und ohne Grund warten bis er die Anhörung dem Betriebs-/Personalrat bzw. Sprecherausschuss übergibt und Ihnen kündigt, weil es ansonsten nicht so dramatisch gewesen sein kann und er sein Kündigungsrecht verwirkt, also verloren hat. Hierbei kommt es darauf an, dass die zum Kündigungsausspruch von der Kompetenz und Befugnis richtigen Personen des Arbeitgebers Kenntnis haben.
Bei ordentlichen Kündigungen muss deshalb nach ca. mehreren Wochen seitdem der Arbeitgeber Kenntnis vom wesentlichen Teil des Kündigungsgrundes hat gekündigt werden. Bei einer verhaltensbedingten Kündigung ist ein Abwarten ohne Grund bis ca. zwei Wochen und bei personen-/krankheitsbedingten sowie betriebsbedingten Kündigungen von mehreren Wochen bis zu wenigen Monaten gerade noch zulässig. Hier sind aber immer die Umstände des konkreten Einzelfalls entscheidend.
Bei einer außerordentlich fristlosen und außerordentlichen Kündigung mit sozialer Auslauffrist ist Ihr Arbeitgeber dagegen verpflichtet die Kündigung binnen zwei Wochen nach seiner Kenntnis vom wesentlichen Teil des Kündigungsgrundes ausgesprochen zu haben, § 626 BGB. Versäumt der diese Frist, ist die außerordentliche Kündigung bereits deshalb unwirksam und es kann wegen desselben Kündigungssachverhalts maximal eine Umdeutung in eine ordentliche Kündigung vorgenommen werden, s. o. Umdeutung.
Bei vorgenannten Fristen muss Ihr Arbeitgeber natürlich bis zum Ausspruch der Kündigung die Betriebs-/Personalrats- bzw. Sprecherausschussanhörung bereits gefertigt und von

diesem spätestens innerhalb der gesetzlichen Fristen zurückerhalten haben, ansonsten ist die Kündigung ebenfalls unwirksam!

Für die Bearbeitung der Anhörungen durch den Betriebs-/Personalrat bzw. Sprecherausschuss gelten folgende Fristen, wenn er diese von Ihrem Arbeitgeber mündlich oder schriftlich erfährt/erhält §§ 102 BetrVG, 31 SprAuG, **Fristen Nr. 2**:
Hat Ihr **Betriebs-/Personalrat** bzw. **Sprecherausschuss** gegen die beabsichtigte ordentliche Kündigung **Bedenken**, muss er diese – nach Zugang der Anhörung – unter Angabe der Gründe Ihrem Arbeitgeber spätestens innerhalb einer Woche schriftlich mitteilen. Äußert er sich nicht, gilt seine Zustimmung zur ordentlichen Kündigung als erteilt. Hat der **Betriebs-/Personalrat** bzw. **Sprecherausschuss** gegen eine außerordentliche Kündigung **Bedenken**, muss er diese direkt, spätestens aber binnen drei Tagen – nach Zugang der Anhörung – schriftlich mitteilen. Vor seiner Stellungnahme soll (kein Muss) er Sie als betroffenen Arbeitnehmer anhören, soweit er das für erforderlich hält. Äußert er sich überhaupt nicht, gilt seine Zustimmung zur außerordentlichen Kündigung im Gegensatz zur ordentlichen Kündigung nicht als erteilt.
Erhält Ihr Arbeitgeber die Anhörung samt Reaktion oder fehlender Reaktion Ihres Betriebs-/Personalrats bzw. Sprecherausschusses auf die Anhörung nach Ablauf der Frist zurück, ist das **Anhörungsverfahren abgeschlossen** und er kann Ihnen kündigen. Die Kündigung ist aber nur wirksam, wenn sie binnen o. g. Fristen Nr. 1 rechtzeitig ausgesprochen wird und Ihnen zugeht.
Im Ergebnis ist deshalb die Art der Betriebs-/Personalrats- bzw. Sprecherausschussreaktion für die Wirksamkeit der Kündigung egal. Entscheidend ist, dass die Inhalte und Fristen richtig sind, da die Kündigung ansonsten sehr schnell unwirksam ist. Nur bzgl. Ihres **Weiterbeschäftigungsanspruch**s für die Zeit von Ausspruch und Zugang der Kündigung bis zum rechtskräftigen Abschluss des Rechtsstreits

ist die Reaktion des Betriebs-/Personalrats (nicht Sprecher-ausschuss) entscheidend: <u>Widerspricht er Ihrer beabsichtigten ordentlichen Kündigung innerhalb o. g. Fristen schriftlich mit den speziellen Gründen des § 102 Abs. 3 BetrVG und haben Sie gegen die Kündigung geklagt</u>, muss Ihr Arbeitgeber Sie juristisch über einen jahrelangen Rechtsstreit bis zu dessen rechtskräftigen Abschluss bei unveränderten Arbeitsbedingungen weiterbeschäftigen (**Weiterbeschäftigungsanspruch**), § 102 Abs. 5 BetrVG. Ausnahmsweise kann Ihr Arbeitgeber aber beantragen ihn hiervon wegen hoher Kosten, offensichtlich unzulässigem Widerspruch oder berechtigter Kündigung zu entbinden, § 102 Abs. 5 BetrVG. Ob er Sie tatsächlich im Betrieb weiterhin arbeiten lässt ist dabei gleichgültig, Sie haben jedenfalls den Vergütungsanspruch für die Zeit! In diesem Fall muss Ihr Arbeitgeber Ihnen mit der Kündigung eine Abschrift der Stellungnahme des Betriebs-/Personalrats zur Verfügung stellen. Kommt er dem nicht nach, ist das für die Wirksamkeit des Anhörungsverfahrens sowie der Kündigung aber egal.

 Achtung: Die Einhaltung der **Fristen** ist für Ihren Arbeitgeber **sehr wichtig und sehr fehleranfällig**. Teilweise lassen sich Arbeitgeber keine Bestätigung durch Ihren Betriebs-/Personalrat bzw. Sprecherausschuss über den am … um …h erfolgten Zugang quittieren. Dann gilt der Zugang beim Betriebs-/Personalrat bzw. Sprecherausschuss im Zweifel als nicht erfolgt. Im Übrigen laufen keine Fristen, wenn Ihr Arbeitgeber den rechtzeitigen Zugang nicht durch eigenes glaubwürdiges Personal **beweisen** kann. Übergibt er Ihnen dann die Kündigung und der Betriebs-/Personalrat bzw. Sprecherausschuss hat nicht selbstständig binnen o. g. Fristen auf die inhaltlich korrekte Anhörung – bei der außerordentlichen Kündigung zusätzlich maximal binnen drei Tagen ab Zugang bei Ihm – reagiert, ist die Anhörung und später ausgesprochene Kündigung unwirksam.

Ihr Betriebs-/Personalrat bzw. Sprecherausschuss kann sich aber im Ergebnis nicht dazu verleiten lassen trickreich keinen Zugang zu bestätigen oder die Anhörung nicht zur Kenntnis zu nehmen, da in diesem Fall eine Verweigerung des Zugangs, d. h. **Zugangsvereitelung**, vorliegt. Das würde dazu führen, dass der Zugang dann als eingetreten gilt, wenn unter normalen Bedingungen damit gerechnet werden kann. Das sind die normalen Arbeits-/Bürozeiten im Betrieb Ihres Arbeitgebers, die auch für die Frage des Zugangs beim Betriebs-/Personalrat/Sprecherausschuss gelten. D. h. eine Übergabe oder ein Einwurf der Anhörung um 23 h bewirkt einen Zugang erst am nächsten Tag morgens.

Ein Verzicht Ihres Betriebs-/Personalrats bzw. **Sprecherausschusses auf die Fristen des §§ 102 BetrVG, 31 SprAuG ist zulässig**, um Ihrem Arbeitgeber noch die Einhaltung der Frist Nr. 1 – speziell bei der außerordentlichen Kündigung – zu ermöglichen. Deshalb kann er theoretisch eine Sekunde nachdem er die Anhörung bekam und inhaltlich zur Kenntnis nehmen konnte seine Reaktion erklären. Hierzu ist er aber nie verpflichtet. In der Praxis kommt ein solcher Verzicht nur in seltenen Einzelfällen und bei sehr arbeitgeberfreundlichen Betriebs-/Personalräten bzw. Sprecherausschüssen vor. Außerdem muss Ihr Arbeitgeber den Verzicht beschreiben und **beweisen**. Kann er das nicht und hat er vor Ablauf der Reaktionsfrist des Betriebs-/Personalrats bzw. Sprecherausschusses gekündigt, ist die Kündigung ebenfalls immer unwirksam!

Sind Sie **leitender Angestellter** im Sinne von § 5 Abs. 3, 4 BetrVG (nicht § 14 KSchG), d. h. zur selbstständigen Einstellung und Entlassung von Arbeitnehmern berechtigt, haben Prokura oder können sonstige bedeutende Entscheidungen für das Unternehmen im wesentlichen frei von Weisungen treffen oder unterfallen den vagen Indizien des Abs.

4 und sind damit nicht normaler Arbeitnehmer, muss Ihre beabsichtigte **Kündigung** dem **Betriebs-/Personalrat** nur rechtzeitig **mitgeteilt** werden; eine Anhörung nach o. g. Grundsätzen gemäß § 102 BetrVG ist nicht notwendig. Besteht dagegen ein Sprecherausschuss – eine Art Betriebs-/Personalrat speziell für leitende Angestellte nach § 5 Abs. 3 BetrVG –, muss der nach o. g. Grundsätzen gemäß § 31 Abs. 2 SprAuG zu Ihrer beabsichtigen Kündigung ordnungsgemäß **angehört** werden, ansonsten ist die Kündigung immer unwirksam!

Hierbei besteht aber die Besonderheit, dass dessen Einverständnis zur ordentlichen und außerordentlich fristlosen sowie außerordentlichen Kündigung mit sozialer Auslauffrist als erteilt gilt, wenn er die Fristen des § 31 SprAuG einfach ohne Reaktion ablaufen lässt. Im Ergebnis muss er Ihrer beabsichtigten Kündigung auch nicht zustimmen. Leitende sind deshalb in der Praxis weniger geschützt. Ihnen steht auch nie ein Weiterbeschäftigungsanspruch über das SprAuG zu.

Achtung: Sie können im Ergebnis nicht verlangen, dass Ihr Arbeitgeber Ihnen die mündliche oder schriftliche **Anhörung mitteilt oder zur Verfügung stellt**. Spätestens im Gerichtsverfahren muss er aber die Anhörung beschreiben und **beweisen**, so dass Sie sie dann zur Kenntnis bekommen.

Sie sollten **auf jeden Fall** die ordnungsgemäße Betriebs-/Personalrats-/Sprecherausschuss-**Anhörung** vor Gericht **bestreiten**, da Ihr Arbeitgeber erst dann die Ordnungsgemäßheit selbiger beschreiben und bewiesen muss.

Ihr Arbeitgeber kann im Fall einer unwirksamen Anhörung zwar grundsätzlich **noch einmal kündigen**, er muss den Betriebs-/Personalrat/Sprecherausschuss dazu aber noch einmal komplett neu und ordnungsgemäß anhören. Da bei einer außerordentlich fristlosen und außerordentlichen Kündigung mit sozialer Auslauffrist die zwei-Wochenfrist nach § 626

BGB zu beachten ist, ist das nur bei der ordentlichen Kündigung allein aus zeitlichen Gründen möglich. Sie haben deshalb zumindest eine Verlängerung Ihres Arbeitsverhältnisses für eine weitere Kündigungsfrist erarbeitet und schaffen gute Voraussetzungen für einen Vergleich mit Abfindung, da es fast jedem Arbeitgeber an einem schnellen Ausscheiden von Arbeitnehmern gelegen ist.

Beachten Sie, dass Ihr Arbeitgeber **bei demselben Kündigungsgrund** nur dann **erneut kündigen** kann, **wenn die Kündigung nur aufgrund eines formellen Fehlers unwirksam ist.** Das gilt speziell im Fall einer fehlerhaften Anhörung. Ansonsten gilt der **Grundsatz: Ein Kündigungsgrund(-sachverhalt), eine Kündigung(-smöglichkeit)!**

 Beispiel: Betriebs-/Personalrats/Sprecherausschussanhörung

An den Betriebs-/Personalrats/Sprecherausschussvorsitzenden des Arbeitgebers

Von ... (Personalleiter/Geschäftsführer/etc.)

Sehr geehrte Damen und Herren,

wir beabsichtigten gegenüber:
- Name,
- Betriebsort, -abteilung,
- Alter,
- etc. (weitere Sozialdaten)

folgende (Änderungs-/Beendigungs-/Verdachts-)Kündigung:
- außerordentlich fristlos (, ggf.: hilfsweise ordentlich zum ...)
- außerordentlich mit sozialer Auslauffrist zum ... (, ggf.: hilfsweise ordentlich zum ...)

- ordentlich zum …

aus folgenden Gründen auszusprechen:
…

Wir bitten um Ihre Zustimmung.
(Bei leitenden Angestellten gemäß § 5 Abs. 3 BetrVG ist nur eine Mitteilung notwendig.)
(Bei einer Änderungskündigung gilt diese Anhörung ebenfalls als Anhörung gemäß § 99 BetrVG/§ 31 SprAuG bei leitenden Angestellten gemäß § 5 Abs. 3 BetrVG.)

Mit freundlichen Grüßen

Ort, Datum   Unterschrift Arbeitgeber

Dem Betriebs-/Personalratsvorsitzenden am … persönlich übergeben:

Ort, Datum
Unterschrift Betriebs-/Personalrats- bzw. Sprecherausschussvorsitzender
oder:
Am … um … h in den Posteingang des Betriebs-/Personalrats/Sprecherausschusses geworfen
Ggf.: Betriebs-/Personalrats-/Sprecherausschussvorsitzender verweigert den Zugang bzw. Zugang zu quittieren.

Ort, Datum   Unterschrift Arbeitgeber

Beispiel: Reaktion des Betriebs-/Personalrats-/ Sprecherausschusses
An den Arbeitgeber

131

Von … (Betriebs-/Personalrats-/Sprecherausschuss-vorsitzender)

Sehr geehrte Damen und Herren,

wir
- nehmen die beabsichtigte Kündigung zur Kenntnis.
- stimmen der beabsichtigten Kündigung zu.
- stimmen der beabsichtigten Kündigung nicht zu.
- haben Bedenken.
- erheben im Fall der ordentlichen Kündigung Widerspruch gegen die beabsichtigte Kündigung.

Ggf.: Begründung:
- *bzgl. der Kündigung … .*
- *bzgl. des Widerspruches … .*

Mit freundlichen Grüßen

Ort, Datum
Unterschrift Betriebs-/Personalrats- bzw. Sprecher-ausschussvorsitzender

II. Der Aufhebungs-, Abwicklungsvertrag & gerichtliche Vergleich:

Im Gegensatz zur einseitigen Kündigung durch Sie oder Ihren Arbeitgeber kann ein Arbeitsverhältnis auch einvernehmlich beendet werden.

Gründe hierfür sind z. B., dass:
- Sie eine andere Stelle bereits sicher haben, diese kurzfristig antreten möchten oder müssen und Ihr Arbeitgeber mit der vorzeitigen Beendigung einverstanden ist, speziell weil er dann nicht bis zum

Ende der Kündigungsfrist zahlen muss. In dem Fall wäre die Einhaltung der bei einer (ordentlichen) Kündigung notwendigen Kündigungsfrist nicht sinnvoll und eine (außerordentliche) Kündigung ist nicht möglich, weil ein wichtiger Grund hierfür nicht vorliegt.

- Auch wenn die Zusammenarbeit zwischen Ihnen und Ihrem Arbeitgeber nicht mehr möglich ist, weil das Vertrauen fehlt, Krankheit die Arbeit unmöglich macht, schikanöse Verhältnisse vorliegen o. ä. werden o. g. Vereinbarungen relevant.

Von einem **Aufhebungsvertrag** spricht man, wenn ein bestehender Arbeitsvertrag einvernehmlich – ggf. mit weiteren Inhalten – beendet wird.

Dem **Abwicklungsvertrag** geht eine Kündigung voraus, die das Arbeitsverhältnis beendet. Das wird im Abwicklungsvertrag vereinbart. Zusätzlich werden hier weitere Modalitäten der Beendigung geregelt, z. B. die Höhe einer vom Arbeitgeber an Sie zu zahlenden Abfindung, Umgang mit Urlaubsansprüchen, Rückgabe von Unterlagen, Inhalt des Zeugnisses, etc.

Bei einem Aufhebungsvertrag ist es deshalb für Ihren Arbeitgeber und Sie klar, dass eine Beendigung des Arbeitsverhältnisses im Interesse beider und unter bestimmten Konditionen erfolgt. Dagegen ist das bei einem Abwicklungsvertrag zunächst gerade streitig, deshalb wird auch vor dem Abschluss des Abwicklungsvertrages eine Arbeitgeberkündigung ausgesprochen. Da Sie als Arbeitnehmer hiergegen vorgehen sollten, werden Sie sich entweder direkt nach Ausspruch der Kündigung mit Ihrem Arbeitgeber über den Abschluss und Inhalt des Abwicklungsvertrages einigen oder eine Kündigungsschutzklage vor dem Arbeitsgericht einlegen. In letztgenanntem Fall wird entweder durch Urteil entschieden, ob die Kündigung gerechtfertigt war oder nicht oder – und so werden mehr als 75 % aller arbeitsgerichtlichen Klagen gegen Kündigungen erledigt – es wird ein Abwicklungsvertrag vor Gericht geschlossen. In diesem Fall ist es ein Abwicklungsvertrag im Gerichtstermin oder außerhalb des Gerichtstermins (**im schriftlichen Verfahren**). In beiden Fällen erfolgt das prozessual durch einen **gerichtlichen Vergleich.**

Eine einvernehmliche Beendigung durch einen Aufhebungs- oder Abwicklungsvertrag ist im Gegensatz zu einer Kündigung **flexibler** und für Ihren Arbeitgeber als auch Sie von Vorteil, da er beiden **Interessen mehr Rechnung trägt und Nachteile vermeidet.**
Sie können davon ausgehen, dass Sie bei einer Kündigung durch Ihren Arbeitgeber bis auf Kündigungen in der Probezeit und gut vorbereitete verhaltensbedingte Kündigungen **immer** eine **Abfindung** erhalten, auch wenn Sie hierauf keinen gesetzlichen Anspruch haben: <u>Je</u> höher die rechtlichen Anforderungen für Ihren Arbeitgeber sind die Kündigung wirksam zu erklären und <u>je</u> mehr Sie dem rechtlich und tatsächlich entgegensetzen können, <u>desto</u> intensiver kommt Ihr Arbeitgeber in Schwierigkeiten das Gerichtsverfahren zu gewinnen, <u>so dass</u> Ihre Chancen auf eine Abfindung steigen. In der Praxis ist es immer wieder zu beobachten, dass Arbeitgeber eher eine maßvolle Abfindung zahlen, dadurch aber Mühe, Zeit und Ungewissheit eines Gerichtsverfahrens sparen, speziell wenn Sie nicht ohne Not an Ihrer bisherigen Arbeitsstelle festhalten oder unnötige Emotionen und Unsachlichkeiten in das Verfahren einbringen. Arbeitgebern ist das – neben ihrem immer großen Bedürfnis das Unternehmen nach ihren Interessen und Bedürfnissen auszurichten – in 99 % aller Kündigungsschutzverfahren eine Abfindung wert. Das sollten Sie außergerichtlich und gerichtlich ausreizen!

Folgende **wesentlichen Punkte** können in einen Aufhebungs-, Abwicklungsvertrag/gerichtlichen Vergleich aufgenommen werden:
- Es kann die Feststellung Eingang finden, aus welchem Grund und zu welchem Zeitpunkt Ihr Arbeitsverhältnis endet.

- Bei guter Vorbereitung ist es möglich die ermessensabhängige Verhängung einer **Sperre beim Arbeitslosengeldbezug** durch die Agentur für Arbeit zu **vermeiden**, s. Die (Sozial-)Leistungen, Das Arbeitslosengeld I, Die Sperrzeit beim Bezug von Arbeitslosengeld I, Die Abfindung, Die Anrechnung von Abfindung, Arbeitsentgelt & Urlaubsabgeltung auf das Arbeitslosengeld I, Das Arbeitslosengeld II (Sozialhilfe). Hierzu sollte – nach ständiger Praxis der Arbeitsgerichte, die durch die Arbeitsagenturen nicht kritisiert wird, – vereinbart werden, dass das Arbeitsverhältnis aus betriebsbedingten/betrieblichen Gründen beendet wird und, dass Sie als Arbeitnehmer kein Verschulden an der Beendigung trifft (Sollte Sie ein Verschulden treffen, wie z. B. bei einer verhaltensbedingten Kündigung, da Sie sich daneben benommen haben und Ihr Arbeitgeber gar nicht anders konnte, als Sie zu entlassen oder bei einer krankheitsbedingten Kündigung, weil hohe Fehlzeiten vorlagen, aber ein alternativer Arbeitsplatz von Ihnen übernommen werden könnte, wird regelmäßig eine Sperre verhängt, um Sie zu bestrafen.).

- Ebenfalls kann die Feststellung aufgenommen werden, dass Ihnen bis zu einem bestimmten Zeitpunkt, der meist Ihrer Kündigungsfrist entspricht, noch eine konkrete Bruttovergütung zusteht.

- Auch eine <u>unwiderrufliche</u> **Freistellung** unter Anrechnung auf Ihre Urlaubs- und Freizeitansprüche aus einem Arbeitszeitüberstundenkonto kann vereinbart werden, so dass Sie ab Beginn der Freistellung nicht mehr arbeiten müssen (Bei nur <u>widerruflicher</u> Freistellung kann Sie Ihr Arbeitgeber wieder aus der Freistellung herausholen und zu Arbeitsleistungen einsetzen, dann ist eine Anrechnung auf Ihre Urlaubs- und Freistellungsansprüche aber nicht wirksam möglich.).

- Auch eine Regelung zur **Abfindung**szahlung ist häufig anzutreffen, so dass Sie eine zusätzliche Bruttozahlung von Ihrem Arbeitgeber als Ausgleich für die Beendigung Ihres Arbeitsverhältnisses erhalten, was bei einer Kündigung ohne prozessualen Vergleich nur in seltenen Sonderfällen prozessual möglich ist.

- Ein **Zeugnis**inhalt und/oder eine bestimmte Zeugnisnote – ggf. nach einem Entwurf von Ihnen – empfiehlt sich, was Ihnen einen separaten Rechtsstreit um ein sauberes und angemessenes Zeugnis erspart.

- Ferner macht eine **Stillschweigensvereinbarung** in bestimmten Fällen Sinn. Hierdurch verpflichten Sie und Ihr Arbeitgeber sich keine Aussagen gegenüber Nichtberechtigten (Behörden sind Berechtigte) über den Abschluss und Inhalt eines prozessualen Vergleichs zu treffen, damit nicht jeder x-Beliebige hiervon erfährt und das ggf. ausnutzt, was zu einem Dominoeffekt führen kann.

- Schließlich ist eine **Kompletterledigung** ratsam. Hierdurch wird eine Art Schlussstrich unter die Beendigung des Arbeitsverhältnisses und den Rechtsstreit gezogen, so dass mit Unterschrift/Abschluss des Vertrages/Vergleichs alles erledigt und beendet ist.

Darüber hinaus können weitere Punkte bei einer Beendigung eines Arbeitsverhältnisses – durch Aufhebungs- oder Abwicklungsvertrag/gerichtlichem Vergleich – geregelt werden, **wenn** sie **relevant** sind, z. B.:

- Weitere Arbeitgeberzahlungen zu einem konkreten Stichtag. Diese sind meist zum Abschluss des Vertrages/Übersendung des gerichtlichen Vergleichs an Sie fällig: Urlaubsgeld, Provisionen, Spesen, o. ä., ggf. mit Aufrechnung Ihrem Arbeitgeber zustehender Zahlungsforderungen gegenüber Ihnen, z.

B. aus einem Umzugskosten-/Ausbildungs-/Fortbil-
dungsvertrag,
- die Rückgabe des Firmenwagens,
- die Abrechnung eines Arbeitgeberdarlehens,
- die Erteilung eines Zwischenzeugnisses,
- die Herausgabe von Arbeitsunterlagen, -geräten,
  etc.

Ihre **Arbeitspapiere** (Lohnsteuerkarte, ggf. Versicherungs-
verträge, Urlaubsbescheinigung bzgl. Ihres Urlaubsan-
spruchs, Bescheinigung nach § 312 SGB III, Bescheinigung
über die betriebliche Altersversorgung nach § 2 Abs. 6 Be-
trAVG) erhalten Sie bei Beendigung Ihres Arbeitsverhältnisses. Das garantiert Ihnen das Gesetz, so dass Sie dies notfalls einklagen können. Das ist in der Praxis aber extrem
selten notwendig.

Achtung: Nach Möglichkeit sollten Sie **im Aufhe-
bungs-, Abwicklungsvertrag/gerichtlichen Vergleich so viel wie möglich** zu Ihren Gunsten **vereinbaren**: Sitzen Sie – wie immer bei diesen Vereinbarungen – intensiv an einer Einigung mit Ihrem Arbeitgeber und Anwälten zusammen und ist bereits
über die wesentlichen Punkte eine Einigung erzielt
worden, besteht für Ihren Arbeitgeber wenig Notwendigkeit o. g. weitere Punkte nicht – für Sie positiv –
mitzuregeln. Selten verschließen sich professionell
beratene Arbeitgeber diesen Themen, da auch die
Gegenseite einen Erfolg erzielte, indem das Arbeitsverhältnis mit Ihnen endet. Hierdurch nutzen Sie eine
günstige Gelegenheit, um für Sie auch weniger entscheidende Dinge, z. B. ein Zeugnis, das für Ihren
Arbeitgeber nach Ihrem Ausscheiden nicht mehr so
wichtig ist, zu erledigen ohne Zeit, Mühe und Kosten
eines weiteren zusätzlichen Rechtsstreits in Anspruch nehmen zu müssen.
Beachten Sie abschließend, dass Ihnen **kein Zu-
rückbehaltungsrecht** am Eigentum Ihres Arbeitge-

bers zusteht. Gleiches gilt ebenso für Ihren Arbeitgeber.

 Beispiel: Aufhebungs- bzw. Abwicklungsvertrag/ gerichtlicher Vergleich

Zwischen dem Unternehmen ..., vertr. durch ..., der
Beklagten
und
dem Arbeitnehmer, Kläger(in) ...
wird folgendes vereinbart:

- *Nur beim Aufhebungsvertrag: Die Parteien sind darüber einig, das das zwischen Ihnen bestehende Arbeitsverhältnis auf Veranlassung des Arbeitgebers zur Vermeidung einer ansonsten unumgänglichen betriebsbedingten/-lichen Kündigung mit Ablauf des ... enden wird/geendet hat.*
  Soweit krankheitsbedingte Gründe vorliegen zusätzlich: Die Parteien sind sich einig, dass der Kläger die zu erbringende Tätigkeit krankheitsbedingt nicht mehr erbringen kann und ein alternativer Schonarbeitsplatz nicht gegeben ist. Ferner besteht Einigkeit, dass der Kläger kein Verschulden an der Kündigung trifft.

- *Nur beim Abwicklungsvertrag/gerichtlichen Vergleich: Die Parteien sind darüber einig, das das zwischen Ihnen bestehende Arbeitsverhältnis aufgrund ordentlicher, fristgerechter Kündigung durch die Beklagte vom ... aus betriebsbedingten/betrieblichen Gründen mit Ablauf des ... enden wird/geendet hat.*
  Soweit eine krankheitsbedingte Kündigung ausgesprochen wurde zusätzlich: Die Par-

teien sind sich einig, dass der Kläger die zu erbringende Tätigkeit krankheitsbedingt nicht mehr in der Lage und ein alternativer Schonarbeitsplatz nicht gegeben ist. Ferner besteht Einigkeit, dass den Kläger kein Verschulden an der Kündigung trifft.

- *Üblich:* Das Arbeitsverhältnis wird bis zu seiner Beendigung ordnungsgemäß abgerechnet.

- *Üblich:* Der Kläger wird (weiterhin) von der Beklagen von der Erbringung der Arbeitsleistung unter Anrechnung auf etwaige noch offene Resturlaubsansprüche und Freizeitguthaben unwiderruflich freigestellt. *Bei Krankheit ist keine wirksame Freistellung möglich. In diesem Fall würde vereinbart:* Die Parteien sind sich einig, dass Urlaub und etwaige Freizeitguthaben in natura gewährt sind.

- *Üblich:* Die Beklagte zahlt gemäß §§ 9, 10 KSchG an den Kläger eine Abfindung in Höhe von ... € brutto. Sie ist bereits jetzt entstanden und vererblich. Sie wird mit Beendigung fällig.

- *Ggf.: Der Kläger ist berechtigt das Arbeitsverhältnis vorzeitig mit einer Ankündigungsfrist von ... Tagen durch schriftliche Anzeige bei der Beklagten zu beenden. Für jeden vollen Monat der vorzeitigen Beendigung des Arbeitsverhältnisses erhält der Kläger eine zusätzliche Abfindung in Höhe von ... € brutto. Sollte das Arbeitsverhältnis im Laufe eines Monats enden, wird der Betrag anteilig berechnet.*

- *Wenn vorhanden: Zwischen den Parteien besteht Einigkeit, dass dem Kläger aus dem Tarifvertrag ..., der Betriebsvereinba-*

139

rung vom ..., der Zielvereinbarung folgende Ansprüche (nicht) zustehen: ... .

- *Üblich:* Die Beklagte erteilt dem Kläger unmittelbar ein wohlwollendes qualifiziertes Zwischenzeugnis *(ggf.: nach dem Entwurf des Klägers mit der Note ...)*, das sich auf Leistung und Führung erstreckt. Bei Beendigung erteilt die Beklagte dem Kläger *(ggf.: auf Basis des Zwischenzeugnisses)* ein Endzeugnis.

- *Ggf. Stillschweigensklausel: Die Parteien werden über den Vertrag/Vergleich an sich und den konkreten Inhalt des Vertrages/Vergleichs Stillschweigen wahren. Dies gilt nicht gegenüber berechtigten Auskünften gegen über Dritten, wie Behörden, etc.*

- *Ggf.: Der Kläger wird darauf hingewiesen, dass das Ausscheiden sozialversicherungsrechtliche Konsequenzen, wie z. B. eine Sperre bei dem Bezug von Arbeitslosengeld I haben kann.*

- *Üblich:* Der Kläger wird darauf aufmerksam gemacht, dass er zur Aufrechterhaltung ungekürzter Ansprüche auf Arbeitslosengeld I verpflichtet ist, sich unverzüglich bei der Arbeitsagentur arbeitssuchend zu melden sowie aktiv nach einer Beschäftigung zu suchen.

- *Üblich:* Mit der Erfüllung vorstehender Vereinbarung sind sämtliche gegenwärtigen und zukünftigen Ansprüche aus dem Arbeitsverhältnis und seiner Beendigung abgegolten und erledigt, seinen sie bekannt oder unbekannt.

- *Nur beim Abwicklungsvertrag und wenn Klage erhoben wurde:* Hiermit ist der Rechtsstreit erledigt.
- *Selten:* Der Kläger verzichtet auf das Recht, das Fortbestehen des Arbeitsverhältnisses gerichtlich geltend zu machen. Eine bereits mit diesem Ziel erhobene Klage wird zurückgenommen.
- *Ggf. Widerrufsvorbehalt: Dem Kläger und/oder der Beklagten bleibt der Widerruf dieses Vertrages/Vergleichs eingehend bei der anderen Partei/Gericht bis zum ... (Datum) vorbehalten.*

Ort, Datum
Unterschrift Arbeitgeber   Unterschrift Arbeitnehmer

 Achtung: Auf einen Aufhebungs- und Abwicklungsvertrag findet die **AGB-Rechtsprechung** gemäß §§ 305ff BGB **keine Anwendung**. D. h. Sie sind bei Abschluss eines solchen Vertrages nicht so intensiv geschützt wie sonst im bestehenden Arbeitsverhältnis. Es können deshalb durch Ihre und die Zustimmung Ihres Arbeitgebers auch Vereinbarungen getroffen werden, die für Sie ungünstig sind. Gleiches gilt natürlich für Ihren Arbeitgeber. Auch aus diesem Grund sollten Sie einen Aufhebungs- oder Abwicklungsvertrag nie ohne anwaltliche Hilfe abschließen.

Hierfür spricht auch folgendes: Wenn Sie einen Aufhebungs- oder Abwicklungsvertrag (letzteres meist durch einen gerichtlichen Vergleich) schriftlich abgeschlossen haben, gilt dieser für beide Parteien **bindend**, d. h. Sie – aber auch Ihr Arbeitgeber – können sich hiervon grundsätzlich nicht lösen, die Verträge sind hart wie Beton. Deshalb müssen Sie und Ihr Anwalt vor dem Abschluss sehr genau prüfen, ob ein Vertrag/gerichtlicher Vergleich an sich und hinsichtlich der Konditionen zu diesem Zeitpunkt für Sie sinnvoll ist. Nur in extrem **seltenen Ausnahmefällen** besteht die Möglichkeit sich durch eine **Anfechtung** hiervon zu lösen: Sie müssen dazu vorbringen durch arglistige Täuschung oder widerrechtliche Drohung zum Abschluss des Vertrages bzw. gerichtlichen Vergleichs gebracht worden zu sein. Bei einem Aufhebungsvertrag kann das der Fall sein, wenn Ihnen weniger als drei Tage Überlegungszeit gewährt wurden oder Ihnen gesetzlich zustehende Ansprüche nur bei Abschluss des Vertrages gewährt werden sollten. Bei einem gerichtlichen Vergleich kann u. a. eine massive Einschüchterung oder Täuschung durch Ihren Arbeitgeber, den Richter oder Ihren eigenen Anwalt zur Anfechtung berechtigen. Entscheidend ist aber immer, dass Sie die Voraussetzungen der Anfechtung **beweisen** müssen. Das ist sehr schwierig, speziell wenn Sie auf keine Zeugen, Unterlagen, etc. zurückgreifen können!

III. Der Betriebsübergang:

§ 613a BGB regelt den Betriebsübergang, d. h. den Übergang des gesamten oder eines Teiles des Betriebs auf einen anderen Inhaber.

In diesem Fall treten für Sie folgende rechtliche **Konsequenzen** ein:

- Sämtliche Rechte und Pflichten aus Ihrem Arbeitsverhältnis zum Zeitpunkt des Übergangs gehen von Ihrem ursprünglichen Arbeitgeber (Abgeber) auf Ihren neuen Arbeitgeber (Erwerber) über, d. h. nur derjenige haftet dann. Die Haftung des Abgebers neben dem Erwerber besteht dagegen nur für Verpflichtungen, die vor dem Zeitpunkt des Übergangs entstanden sind und bis zu einem Jahr nach dem Zeitpunkt fällig werden. Liegt die Fälligkeit nach dem Zeitpunkt des Übergangs, haftet der Abgeber nur zeitlich anteilig.

- Darüber hinaus dürfen Tarifverträge (TV) und Betriebs-/Dienstvereinbarungen (BV) grundsätzlich nicht vor Ablauf eines Jahres nach dem Zeitpunkt des Übergangs zum Nachteil von Arbeitnehmern verändert werden, außer der Erwerber ist durch einen anderen, bei ihm geltenden TV und BV gebunden. Änderungen an TV oder BV sind auch vor Ablauf eines Jahres möglich, wenn der/die ursprüngliche TV oder BV nicht mehr gilt oder bei fehlender beiderseitiger Tarifgebundenheit im Geltungsbereich eines anderen TV, der zwischen dem Erwerber und Arbeitnehmern vereinbart wird.

- Ferner ist Ihre Kündigung durch den Abgeber oder Erwerber ausschließlich wegen des Übergangs unwirksam. Aus anderen Gründen, d. h. betriebs-, personen-/krankheits- und verhaltensbedingt, kann Ihnen bei gegebenem Grund gekündigt werden.

Betriebsübergänge werden in der Praxis oft übersehen. Z. B. liegt ein Betriebsübergang nicht nur vor, wenn ein Unternehmen von dem Inhaber Müller an den Inhaber Meier verkauft wird, sondern auch, wenn es von dem Verpächter Müller an den Pächter Meier verpachtet wird; gleiches gilt bei einer Unterverpachtung vom Pächter Müller an den Unterpächter Meier. Das betrifft nicht nur Pacht- und Mietverträge, sondern auch Franchiseverträge. Entscheidend ist hierbei auch nicht die Bezeichnung des Vertrages oder wie er von den Betroffenen beschrieben wird, sondern dass folgende **Voraussetzungen** für einen Betriebsübergang vorliegen müssen:

- Es muss durch Vertrag ein rechtsgeschäftlicher Übergang vereinbart werden, der grundsätzlich nicht durch Erbschaft oder spezielle Rechtsnachfolgen geschieht.

- Die wirtschaftliche Einheit muss identitätswahrend ganz (kompletter Betriebsübergang) oder z. T. (Betriebsteilübergang) übergehen und fortgeführt werden.

Unter einem **Betriebsteil** wird eine organisatorische Einheit innerhalb eines Betriebes verstanden, die selbstständig abtrennbar ist und innerhalb des betrieblichen Gesamtzwecks einen Teilzweck verfolgt.

Die wirtschaftliche Einheit wird nach Indizien bestimmt. Bei Betrieben mit vielen Betriebsmitteln, also Gegenständen, müssen die wesentlichen Gegenstände (Maschinen, etc.) als Kern der Wertschöpfung übergehen. Dagegen gehen in betriebsmittelarmen Betrieben, also Betrieben ohne Fertigungsmaschinen, in denen eher mit Wissen umgegangen wird, immaterielle Dinge (Patente, Lizenzen, know-how, etc.) mit Personal und/oder sonstigen Betriebsmitteln über.

- Es darf keine reine Funktionsnachfolge vorliegen, was der Fall ist, wenn nur eine bestimmte Tätigkeit beim Erwerber fortgeführt wird.
- Es darf auch keine Betriebs(teil)stilllegung oder längere Betriebsunterbrechung gegeben sein, die nicht vorübergehend ist, sondern von Kunden, etc. als Beendigung verstanden werden muss.

Bei einem Betriebs(teil)übergang ist der Abgeber oder Erwerber verpflichtet die vom Übergang betroffenen Arbeitnehmer vor dem Übergang in Textform zu unterrichten. Die **Unterrichtung** muss folgende Inhalte haben:

- Den Zeitpunkt bzw. geplanten Zeitpunkt des Übergangs,
- den Grund für den Übergang,
- die rechtlichen, wirtschaftlichen und sozialen Folgen des Übergangs für Sie als Arbeitnehmer und
- die hinsichtlich der Arbeitnehmer in Aussicht genommenen Maßnahmen.
- Ferner muss der Erwerber mit exakter Firmenbezeichnung und Adresse genannt werden.

Hierdurch soll sichergestellt werden, dass Sie die zukünftige Entwicklung Ihres Arbeitsverhältnisses beurteilen können.

Die ordnungsgemäße Unterrichtung führt dazu, dass die einmonatige **Widerspruch**sfrist beginnt, d. h. Sie haben einen Monat nach Zugang der Unterrichtung bei Ihnen Zeit, um dem Übergang Ihres Arbeitsverhältnisses zu widersprechen.

Ein Widerspruch gegen einen Betriebsteilübergang ist in der Praxis selten, da die meisten Arbeitnehmer einem Übergang positiv gegenüberstehen: Entweder es liegt ein Betriebsteilübergang vor und Ihr Arbeitsverhältnis geht auf den Erwerber über oder das ist nicht der Fall.

Ganz wichtig ist die letzte Situation. Sollte nämlich kein juristisch wirksamer Übergang vorliegen, ist der Widerspruch zwar begründet und es findet kein Übergang des Arbeitsverhältnisses (nur) des widersprechenden Arbeitnehmers statt, so dass das Arbeitsverhältnis mit dem Abgeber für den begründet widersprechenden Arbeitnehmer nie geendet hat und deshalb fortbesteht; da der Abgeber aber seinen Betrieb bzw. -teil auf den Erwerber übergeben hat, existiert der ursprüngliche Arbeitsplatz des begründet widersprechenden Arbeitnehmers nicht mehr, so dass das zwangsläufig zur betriebsbedingten Kündigung des begründet widersprechenden Arbeitnehmers führt. Folglich verliert der begründet widersprechende Arbeitnehmer seine ursprüngliche Stelle und hat – aufgrund seines Widerspruchs – zusätzlich keinen Job bei dem Erwerber.

Von daher ist ein Widerspruch grundsätzlich nicht sinnvoll. Das wird noch deutlich dadurch verstärkt, dass ein Widerspruch nicht widerrufen, unter Vorbehalt oder sonst aufgehoben werden kann, so dass Sie einen Widerruf auch nicht aus Bluff ohne vorläufige Nachteile erheben und wieder rückgängig machen können!

Eine Kündigungsschutzklage, die von Ihnen bei einem Betriebsteilübergang mit dem Ziel erhoben wird festzustellen, dass die Kündigung nur aus dem Grund des Betriebsteilübergangs ausgesprochen wurde – nur das ist bei § 613 a BGB untersagt, so dass betriebs-, personen- und verhaltensbedingte Kündigungen ganz normal zulässig sind, s. o. – muss innerhalb von drei Wochen nach Zugang der Kündigung bei Ihnen gegen den kündigenden Arbeitgeber erhoben werden. Das ist bei der Kündigung durch den Abgeber der Abgeber und bei der Kündigung durch den Erwerber der Erwerber.

Betriebsübergänge sind in der Praxis juristisch komplex, so dass Sie immer anwaltliche Hilfe in Anspruch nehmen sollten.

IV. Die Insolvenz des Arbeitgebers:

Hat Ihr Arbeitgeber nicht mehr genug finanzielle Mittel, entwickelt sich daraus manchmal eine Pleite und es folgt ggf. eine Kündigung.

In der Praxis ist der wichtigste Fall die Zahlungsunfähigkeit, § 17 Abs. 2 InsO, d. h. wenn Ihr Arbeitgeber nicht in der Lage ist seine fälligen Zahlungspflichten zu erfüllen. Weniger wichtig ist die Überschuldung, § 19 Abs. 2 InsO, d. h. wenn das Vermögen Ihres Arbeitgebers nicht mehr die vorhandenen Schulden deckt.

Vom Prozedere wird zuerst bis auf Sonderfälle durch Ihren Arbeitgeber oder dessen Gläubiger, d. h. denen er Geld schuldet, ein Antrag auf Eröffnung des Insolvenzverfahrens gestellt. Dann wird üblicherweise ein vorläufiger Insolvenzverwalter durch das Insolvenzgericht bestimmt. Der hat selten ein allgemeines Verfügungsverbot (**starker vorläufiger Verwalter**), das ihn dazu ermächtigt über das Vermögen Ihres Arbeitgebers zu bestimmen, § 22 Abs. 1 InsO. Meist wird ein **schwacher vorläufiger Verwalter** eingesetzt, der keine allgemeine Verfügungsgewalt über die Insolvenzmasse, sondern nur einzelne vom Gericht bestimmte Befugnisse hat. Üblicherweise wird angeordnet, dass Verfügungen des Arbeitgebers nur mit Zustimmung des Insolvenzverwalters wirksam sind. Er kann Sie somit <u>nicht freistellen</u>, d. h. anordnen, dass Sie nicht arbeiten, Ihnen <u>Arbeitsanweisungen erteilen</u> oder Ihnen <u>kündigen</u>. All diese Rechte verbleiben bei Ihrem Arbeitgeber.

Im Fall der Insolvenz sollten Sie – falls das nicht Ihr Betriebs-/Personalrat oder Insolvenzverwalter übernimmt – eine Kopie des Insolvenzgerichtsbeschlusses beim Gericht anfordern. Nur hierdurch erfahren Sie welche Maßnahmen das Gericht zum Schutz der Arbeitnehmer angeordnet hat und welche Befugnisse dem Insolvenzverwalter zustehen.

Vergütungsforderungen von Ihnen vor der Insolvenzeröffnung, die sich an das vorläufige Insolvenzverfahren anschließt, sind Insolvenzforderungen. Sie müssen <u>explizit beim Insolvenzverwalter</u> von Ihnen <u>angemeldet</u> werden. Besteht Ihre Forderung, stellt der Insolvenzverwalter das zur Insolvenztabelle fest, so dass die Forderung bezahlt werden muss. Da Ihr Arbeitgeber aber das notwendige Geld zur Zahlung aller Schulden nicht hat, wird das noch verbleibende Vermögen ins Verhältnis zu sämtlichen Schulden gesetzt, so dass sich eine (Verteilungs-)Quote ergibt. Z. B. beträgt die Quote 5 %, wenn 1 Million Schulden aufgelaufen sind, aber nur 50T€ als Vermögensmasse zur Verfügung stehen. Alle Personen und Unternehmen, bei denen Ihr Arbeitgeber Schulden hat, erhalten in Höhe dieser Quote ihre Zahlungsforderung. In der Praxis ist eine Quote von ca. 5 % üblich.

 Achtung: Für Arbeitnehmer-Vergütungsforderungen als zahlt die Arbeitsagentur drei Monate **Insolvenzgeld** bis zur Eröffnung des Insolvenzverfahrens, der Abweisung des Insolvenzverfahrens mangels Masse oder dauerhaften Abtauchens des insolventen Arbeitgebers. Danach können Sie nur noch Arbeitslosengeld I von der Agentur für Arbeit fordern.

Die **Höhe** des Insolvenzgeldes ist genauso hoch wie Ihr Nettoentgelt soweit Sie die Beitragsbemessungsgrenze der Arbeitslosen- und Rentenversicherung nicht überschreiben, ansonsten maximal bis zur Grenze von ca. 5.500 € im Westen und 4.650 € brutto im Osten (Die Beträge verändern sich immer etwas.). Das Arbeitslosengeld I beträgt dagegen nur 60 bzw. erhöht 67 % Ihres Nettos in den vergangenen 12 Monaten, s. Arbeitslosengeld I.

Insolvenzgeld können Sie auch in Anspruch nehmen, wenn Sie aufgrund der Wartezeit noch **keinen Anspruch auf Arbeitslosengeld I** haben.

Durch das Insolvenzgeld wird Ihre Grundvergütung nebst variablen Vergütungsbestandteilen abgedeckt. **Einmalzahlungen** wie Weihnachtsgeld, jährliche Zahlungen aus Zielvereinbarungen, etc. werden dagegen nur anteilig während der Zeit des Insolvenzgeldbezuges gezahlt. Ansprüche, die Sie wegen der Beendigung Ihres Arbeitsverhältnisses erhalten, z. B. Abfindungen, oder die Ihnen für die Zeit nach der Beendigung zustehen, z. B. Urlaubsabgeltung, umfasst das Insolvenzgeld nicht, genauso wenig wie Zahlungen, die kein Arbeitsentgelt sind, wie Spesen.

Beachten Sie, dass Sie das Insolvenzgeld **innerhalb von zwei Monaten** nach dem Insolvenzereignis bis zur Eröffnung des Insolvenzverfahrens, Abweisung des Insolvenzverfahrens mangels Masse oder dauerhaftes Abtauchen Ihres insolventen Arbeitgebers, **beantragen** müssen, § 324 Abs. 3 InsO. Sollten Sie die Frist unverschuldet versäumen, müssen Sie den Antrag binnen zwei Monaten nach Wegfall des Hindernisses stellen. Auch vorab können Sie unter den Voraussetzungen des § 168 SGB III einen **Vorschuss** fordern. Haben Sie den Antrag auf Insolvenzgeld gestellt, verlieren Sie logischerweise automatisch Ihren Vergütungsanspruch für diese Zeit, § 169 SGB III.

Ihre Entgeltforderungen nach der Insolvenzeröffnung sind als nachinsolvenzliche Vergütungsforderungen Masseverbindlichkeiten, die privilegiert vor sonstigen Masseverbindlichkeiten in vollem Umfang vorab aus der Masse erfüllt

werden müssen. Sie können somit vom Insolvenzverwalter die volle Summe fordern und notfalls einklagen.
Nur bei **Massearmut**, also wenn die vorhandene Masse nichtmals zur Erfüllung der Masse ausreicht, gehen Sie leer aus, <u>außer</u> der Insolvenzverwalter hat nach Anzeige der Masseunzulänglichkeit Ihre Arbeitsleistung weiter in Anspruch genommen oder den frühestmöglichen Termin zur Kündigung versäumt, § 209 Abs. 2 InsO. Sie müssen deshalb entscheiden, ob Sie bei unpünktlicher Zahlung durch den Insolvenzverwalter sofort aufhören zu arbeiten, was davon abhängig ist, ob die Aktivitäten des Unternehmens tatsächlich eingestellt oder fortgeführt werden.

Ihr Arbeitsverhältnis können Sie und der Insolvenzverwalter jederzeit kündigen.
Bei der **Kündigung durch** den **Insolvenzverwalter** müssen zwar sämtliche Kündigungsvoraussetzungen – speziell die des KSchG und BetrVG – vorliegen, sie sind aber **erleichtert**:

- Die Kündigungsfrist für Sie und den Insolvenzverwalter ist auf maximal drei Monate zum Monatsende begrenzt, § 113 InsO.
- Ein arbeits- oder tarifvertraglich vereinbarter Ausschluss der ordentlichen Kündigung muss nicht beachtet werden, § 113 InsO.
- **Nur bei bestehendem Betriebs-/Personalrat beachten:**
  - Ist eine Betriebsänderung geplant und ein Interessenausgleich nicht innerhalb von drei Wochen nach Verhandlungsbeginn oder schriftlicher Aufforderung zur Aufnahme von Verhandlungen zustande gekommen, obwohl der Insolvenzverwalter den Betriebs-/Personalrat rechtzeitig und umfassend unterrichtet hat, kann der Insolvenzverwalter die gerichtliche Zustimmung zur Betriebsänderung beantragen, § 122 InsO.

o Bis zu 2 ½ Monatsverdienste pro Arbeitnehmer sind maximal aus einem Sozialplan, der nach Eröffnung des Insolvenzverfahrens aufgestellt wird, als Ausgleich bzw. Milderung für die wirtschaftlichen Nachteile infolge des Sozialplans zulässig. Sollte kein Insolvenzplan zustande kommen, darf für die Berichtigung von derartigen Sozialplanforderungen nicht mehr als 2/3 der Masse verwendet werden, die ohne einen Sozialplan für die Verteilung an die Insolvenzgläubiger zur Verfügung steht. Übersteigt der Gesamtbetrag sämtlicher Sozialplanforderungen diese Höhe, werden die einzelnen Forderungen anteilig gekürzt. Ferner soll der Insolvenzverwalter mit Zustimmung des Insolvenzgerichts Abschlagszahlungen auf die Sozialplanforderungen leisten, soweit ausreichende Barmittel vorhanden sind. Die Zwangsvollstreckung in die Masse ist aber unzulässig, § 123 InsO.

o Ein Sozialplan, der in den letzten drei Monaten vor dem Antrag auf Eröffnung des Insolvenzverfahrens vereinbart wurde, kann sowohl vom Insolvenzverwalter, als auch bei existierendem Betriebs-/Personalrat von diesem **widerrufen** werden. Beim Widerruf können Sie als Arbeitnehmer, dem Forderungen aus dem Sozialplan zustehen, bei der Aufstellung eines Sozialplans im Insolvenzverfahren berücksichtigt werden. Ferner können Zahlungen, die Sie als Arbeitnehmer vor dem Insolvenzverfahren auf Ihre Forderung aus dem widerrufenen Sozialplan erhalten haben nicht wegen des Widerrufs zurückgefordert werden. Bei der Aufstellung eines neuen Sozialplans wird das aber an einen von der Entlassung betroffenen Arbeitnehmer bei der Berechnung des Gesamtbetrags der Sozialplanforderungen bis zur Höhe von 2 ½ Monatsverdiensten abgesetzt, § 124 InsO.

○ Sollte eine Betriebsänderung ggf. mit Massenentlassung geplant sein, können der Insolvenzverwalter und – soweit vorhanden – Betriebs-/Personalrat einen Interessenausgleich mit Namensliste vereinbaren, § 125 InsO.

○ Besteht kein Betriebs-/Personalrat oder kommt binnen drei Monaten nach Verhandlungsbeginn oder schriftlicher Aufforderung zur Aufnahme von Verhandlungen kein Interessenausgleich zustande, obwohl der Insolvenzverwalter den Betriebs-/Personalrat rechtzeitig und umfassend unterrichtete, kann der Insolvenzverwalter beim Arbeitsgericht feststellen lassen, dass die Kündigung von einzelnen Arbeitnehmern nach § 1 KSchG sozial gerechtfertigt ist, § 126 InsO. Wird dies rechtskräftig entschieden, ist die Entscheidung für ein Kündigungsschutzverfahren, das Sie als betroffener Arbeitnehmer gegen die Kündigung anstrengen, bindend, außer es ändert sich die Sachlage wesentlich, § 127 InsO.

○ Sollte eine Betriebsänderung ggf. mit Massenentlassung erst nach einem Verkauf des Betriebs durchgeführt werden, kann trotzdem nach §§ 125 – 127 InsO verfahren werden, § 128 InsO.

2. Teil: Die Folgen der Beendigung
I. Das Zeugnis:

Endet Ihr Arbeitsverhältnis – egal aus welchem Grund – haben Sie Anspruch auf ein Arbeitszeugnis, § 109 GewO. Dieses Recht steht Ihnen immer zu, es sei denn Sie haben erst vor kurzem – ca. ½ Jahr – Ihr letztes Zeugnis erhalten und es sind keine Änderungen eingetreten. Auch wenn Sie Volontär, Praktikant oder freier Mitarbeiter sind, steht Ihnen der Anspruch zu, § 16, 26 BBiG, 630 BGB.

Bei Zeugnissen wird das **einfache** und das **qualifizierte Zeugnis** sowie ein End- und Zwischenzeugnis unterschieden. Das einfache enthält primär Aussagen über die Art und Dauer Ihrer Arbeit. Das qualifizierte ist deutlich länger und ansprechender. Es beschreibt kurz das Unternehmen Ihres Arbeitgebers sowie die Art und Dauer Ihres Einsatzes Ihre Arbeitsauffassung, Leistung und Ihr Verhalten gegenüber Kunden, Kollegen und Ihrem Arbeitgeber. In der Praxis ist das einfache Zeugnis nur bei sehr kurzen Einsätzen (ein Quartal) und/oder ungelernten Tätigkeiten verbreitet. Üblich ist ansonsten immer ein qualifiziertes.

Ein **Zwischenzeugnis** können Sie verlangen, wenn sich Ihre oder die Verhältnisse des Unternehmens verändern, z. B. wenn Sie sich innerbetrieblich bewerben, eine Auszeit nehmen, ein Wechsel Ihres Vorgesetzten erfolgt oder ein Betriebsübergang naht. Sollten Sie sich bei einem anderen Arbeitgeber bewerben wollen, haben Sie zwar einen Zeugnisanspruch, verdeutlichen dadurch aber Ihrem Arbeitgeber, dass Sie wechselwillig sind, wenn o. g. Gründe nicht vorliegen. Das ist in der Praxis nicht unbedingt von Vorteil. Ein **Endzeugnis** steht Ihnen bei der Beendigung des Arbeitsverhältnisses zu. Damit Sie sich bereits vorher bewerben können, muss das Ende absehbar sein, was immer mit Ausspruch der Kündigung oder der Befristung der Fall ist.

Arbeitsunterbrechungen durch Krankheit, Elternzeit, etc. dürfen hierin nicht angegeben werden, es sei denn, diese waren sehr lang und das Arbeitsverhältnis sehr kurz. Der Grund des Ausscheidens findet nur auf Ihren Wunsch Erwähnung im Zeugnis.

Beachten Sie, dass Ihr Zeugnis immer ein <u>Original mit Originalunterschrift</u> mindestens Ihres Vorgesetzten, wenn nicht sogar Arbeitgebers, sein muss und keine Mängel wie (Recht-)Schreibfehler, optische Auffälligkeiten (Knicke) haben darf. Ansonsten muss Ihr Arbeitgeber Ihnen ein neues Zeugnis zur Verfügung stellen. Das Zeugnis trägt immer das <u>Datum Ihres Ausscheidens</u>.

Im Übrigen gelten die **Grundsätze der Zeugniswahrheit und der wohlwollenden Zeugnisbewertung,** wobei Ihrem Arbeitgeber aber ein Beurteilungsspielraum zusteht, der bei Zeugniskorrekturstreitigkeiten durch das Gericht nur eingeschränkt auf **grobe Fehler und beleidigenden Inhalt** überprüft werden kann. In der Praxis hat sich aber eine freundliche Zeugnishandhabung entwickelt. Sie haben deshalb gute Chancen Ihr Zeugnis mit einer **Zeugnisberichtigungsklage** zu verbessern. Hierfür müssen Sie aber beschreiben und **beweisen**, dass Sie entsprechend gut waren, ansonsten steht Ihnen keine bessere Beurteilung als eine durchschnittliche zu, wenn Ihr Arbeitgeber nichts unterdurchschnittliches beweisen kann. In der Praxis erhalten Sie aber bei einer Zeugnisberichtigungsklage mindestens von der Formulierung und dem Gesamteindruck her ein besseres Zeugnis.

Dagegen haben Sie keinen Anspruch auf eine für ein mindestens vernünftiges Zeugnis übliche **Schlussformulierung** dass Ihr Arbeitgeber Ihnen dankt und alles Gute wünscht. Deshalb ist das der einzige wesentliche Trumpf Ihres Arbeitgebers Ihr Zeugnis zu verschlechtern. Aber auch hier wird vor Gericht eine Lösung gefunden mit dem beide Parteien leben können. Im Gegensatz zu anderen gerichtlichen Streitigkeiten lohnt bei Zeugnissen immer ein Vergleich. Primär sollten Sie jedoch versuchen ein für Sie attraktives Zeugnis außergerichtlich über Ihren Anwalt oder im Rahmen eines Aufhebungsvertrages zu vereinbaren.

Der **Zeugnisanspruch geht** Ihnen auch **nicht verloren**, gleichgültig ob durch Verjährung oder Ausschlussfristen, <u>außer</u> Sie verzichten hierauf. Lassen Sie sich deshalb nicht bluffen: Erst wenn Sie knapp ein Jahr kein Zeugnis aus Unachtsamkeit oder Schlamperei anmahnen, kann nach der

Rechtsprechung über einen Verlust des Zeugnisrechts diskutiert werden (Verwirkung).

Schadensersatz können Sie gegen Ihren ursprünglichen Arbeitgeber wegen eines zu spät oder zu schlecht erteilten Zeugnisses realistischerweise nicht durchsetzen. Auch Ihr neuer Arbeitgeber kann mangels konkreten Schadens keinen Schadensersatz von Ihrem ursprünglichen Arbeitgeber erfolgreich geltendmachen, wenn letzterer Ihnen ein gutes Gefälligkeitszeugnis trotz tatsächlich schlechter Leistung erteilte.

Hinsichtlich Ihrer Arbeitsleistungen sind folgende **Zeugnisformulierungen** üblich:

„Frau/Herr … hat die …-Aufgaben

- stets zu unserer vollsten Zufriedenheit erledigt = sehr gut,
- stets zu unserer vollen Zufriedenheit erledigt = gut,
- zu unserer Zufriedenheit erledigt = gerade noch befriedigend,
- insgesamt zu unserer Zufriedenheit erledigt = mangelhaft,
- hat sich bemüht und war fleißig sowie interessiert = ungenügend."

 Achtung: Beachten Sie, dass die Leistungsnote zum Rest des Zeugnisses passen muss. Es muss vermieden werden, dass Ihre Arbeitsauffassung, Ihr Verhalten gegenüber Kollegen, Kunden und Vorgesetzten sowie Ihre Arbeitsleistung von der jeweiligen Beschreibung und Beurteilung differieren. Außerdem sollte Ihr Zeugnis in der Praxis weder extrem gut noch außerordentlich schlecht sein; ein gutes Zeugnis ist immer gut – hinter einem sehr guten Zeugnis vermuten Arbeitgeber häufig ein Wegloben eines dämlichen oder unliebsamen Arbeitnehmers, so dass Ihnen ein Arbeitsplatzwechsel tragischerweise sehr schwer fallen kann!

II. Die Zeit zur Stellensuche:

Ist Ihr Arbeitsverhältnis durch eine **Kündigung** von Ihrer Seite oder durch Ihren Arbeitgeber beendet worden, können Sie von Ihrem Arbeitgeber <u>sieben bezahlte Arbeitstage</u> Freistellung von der Arbeit verlangen, um sich eine neue Stelle zu suchen bzw. Vorstellungstermine während der Arbeitszeit Ihres noch bestehenden Arbeitsverhältnisses wahrzunehmen, § 629 BGB. Das gilt auch bei beendendem Arbeitsverhältnis durch **Auslaufen der Befristung**.

Die Freistellung muss durch Ihren Noch-Arbeitgeber gewährt werden, wenn Sie ihm den konkreten Tag der Freistellung so <u>rechtzeitig vorher mitteilen</u>, dass er für Ersatzpersonal bzw. anderweitige Organisation sorgen kann; in der Praxis sind sieben Tage vorher ausreichend. Den Namen des Arbeitgebers, bei dem Sie den Vorstellungstermin wahrnehmen, und die konkrete Position bzgl. derer Sie sich beworben haben müssen Sie Ihrem Noch-Arbeitgeber nicht nennen.

III. Die (Sozial-)Leistungen:

1. Das Arbeitslosengeld I:

Endet Ihr Arbeitsverhältnis können Sie Ansprüche auf Arbeitslosengeld I und ggf. Arbeitslosengeld II (Sozialhilfe) geltend machen. Ob Sie solche Ansprüche in Anspruch nehmen, entscheiden allein Sie.

 Achtung: Beziehen Sie Sozialleistungen wird das von vielen Personen als nicht normal angesehen. Da Sie im normalen Leben **auf** bestimmte **Grundleistungen**, wie Miete, Strom/Wasser/Heizung, Telefon, Versicherungen, etc. definitiv **angewiesen** sind, müssen Sie sicherstellen, dass Sie von Ihren Vertragspartnern trotz des verlorenen bzw. geringeren Einkommens als angemessener Kunde akzeptiert werden. Klar erfährt Ihr Energieversorger nicht, dass Sie arbeitslos oder Sozialhilfebezieher sind. Es interessiert ihn auch nicht, wenn Sie Ihre Rechnungen sauber zahlen; kündigt Ihnen aber Ihre Hausbank das **Girokonto**, weil Sie als Arbeitsloser bzw. Sozialhilfebezieher die Voraussetzungen des Kleingedruckten nicht mehr erfüllen – z. B. Mindesteingang pro Monat von 1.200 € netto (!) –, wird es unangenehm, wenn Sie Ihre Miete jeden Monat immer bar Ihrem Vermieter zahlen oder Ihre Versicherung, Ihr Telefonunternehmen, etc. Bareinzahlungen gar nicht akzeptiert und deshalb den Vertrag mit Ihnen kündigt! Deshalb sollten Sie während der Zeit, in der Sie noch angestellt sind, d. h. bevor Sie Arbeitslosengeld I oder II (Sozialhilfe) beantragen, in jedem Fall sicherstellen, dass Sie sicherheitshalber bei unterschiedlichen Banken jeweils ein Girokonto haben. Unterschätzen Sie die Situation nicht, aktuell sind nur Sparkassen verpflichtet Ihnen ein **Jedermannkonto** ohne Dispositionskredit zur Verfügung zu stellen. Aber auch hier fallen im Gegensatz zu Direktbanken üblicherweise Kontoführungsgebühren an, die Sie als Sozialbezieher ohne gewisse Ersparnisse auf lange Sicht durchaus ärgern können. Wenn Sie kein Girokonto haben sinkt nicht nur Ihr sozialer Geltungsanspruch, sondern Sie haben ohne nachweisbare Ersparnisse große Probleme Verträge des täglichen Bedarfs zu halten, geschweige denn neu abzuschließen. Schlimmstenfalls können Sie in Extremfällen unter unglücklichen Umständen obdachlos werden, wenn Ihnen nicht Verwandte, etc. helfen!

Arbeitslosengeld I können Sie nach § 137 SGB III von der Agentur für Arbeit Ihres Wohnsitzes verlangen, wenn Sie arbeitslos sind, sich bei der Arbeitsagentur gemeldet haben und eine Mindestzeit als Arbeitnehmer Geld verdient haben. Zuerst müssen Sie sich immer spätestens drei Monate vor der Beendigung Ihres Arbeitsverhältnisses bei der Arbeitsagentur **arbeitssuchend melden**. Das können Sie u. a. über deren Hotline telefonisch machen. Sollten Sie weniger als drei Monate vor dem Ende erfahren, dass Ihr Arbeitsverhältnis endet, müssen Sie sich immer binnen drei Tagen nachdem Sie das wissen arbeitssuchend melden.

Dann sind Sie verpflichtet sich spätestens am ersten Tag des von Ihnen gewünschten Arbeitslosengeldbezugs, also der tatsächlichen Arbeitslosigkeit, persönlich **arbeitslos** zu **melden**. Postalisch, per Fax, e-mail, SMS, telefonisch oder über einen Stellvertreter kann die Meldung nicht wirksam erfolgen. Andernfalls wird eine einwöchige Sperre beim Arbeitslosengeldbezug durch die Arbeitsagentur festgesetzt.

Arbeitslosengeld I erhalten Sie aber nur, wenn Sie in den letzten zwei Jahren mindestens ein Jahr in einem sozialversicherungspflichtigen Arbeitsverhältnis standen, § 142 SGB III. Die **Bezugsdauer** hängt von Ihrem vorherigen Arbeitsverhältnis ab: Je länger Sie direkt vorher sozialversicherungspflichtig beschäftigt waren, desto länger ist Ihr Arbeitslosengeld I-Anspruch. Die Länge variiert zwischen sechs und 24 Monaten, § 147 SGB III, wobei für ältere Arbeitnehmer mit einer sehr langen sozialversicherungspflichtigen Beschäftigung eine Übergangsregelung beachtet werden muss. Für Details kontaktieren Sie die Agentur für Arbeit Ihres Wohnsitzes.

Arbeitslosengeld I wird an Sie in **Höhe** von 60 % bzw. bei mindestens einem Kind (auch Ihres Lebenspartners) 67 % Ihres Nettoverdienstes der letzten 12 Monate gezahlt, §§ 149ff SGB III, und ist einkommenssteuerfrei. Haben Sie weitere Einkünfte, z. B. aus Kapitalvermögen oder Vermietung, wird das Arbeitslosengeld I zu diesem addiert und alles muss von Ihnen versteuert werden.

Während Sie Arbeitslosengeld I erhalten sind Sie normalerweise in der gesetzlichen Kranken-, Pflege- und Rentenversicherung **versichert**. Sollten Sie vor Ihrer Arbeitslosigkeit privat kranken- und pflegeversichert gewesen sein, können Sie während des Bezugs von Arbeitslosengeld I über die Agentur gesetzlich kranken- und pflegeversichert sein. Es steht Ihnen aber auch frei sich befreien lassen und über eine Private versichert zu bleiben, wenn Sie in den letzten fünf Jahren nur in einer privaten Krankenversicherung versichert waren, die den gesetzlichen Leistungen entspricht, was immer der Fall ist. Sollten Sie Ihre private Versicherung weiterführen, werden Ihnen die Kosten in Höhe der gesetzlichen Krankenversicherung erstattet und Sie müssen die Differenz zur Privaten selbst zahlen § 174 SGB III. Auch während Ihrer Arbeitslosigkeit haben Sie Anspruch auf **Krankengeld**. Dieses ist gleich hoch wie Ihr Arbeitslosengeld I, § 47 b SGB V. Ihr Krankengeldbezug vermindert Ihren Arbeitslosengeld I-Anspruch auch nicht, § 49 Abs. 1 SGB V.

Erhalten Sie für eine bestimmte Zeit andere Sozialleistungen als Arbeitslosengeld I, z. B. Kranken-, Verletzten-, Mutterschaftsgeld, Rente wegen voller Erwerbsminderung oder Altersrente, verschiebt sich Ihr Anspruch auf Arbeitslosengeld I um die Dauer o. g. Leistung nach hinten ohne aber reduziert zu werden, § 156 SGB III. Gleiches gilt, wenn Sie Anspruch auf **Vergütung** oder **Urlaubsabgeltung** haben, eine **Abfindung** erhalten, § 157 SGB III, oder an einem Streik beteiligt waren und deshalb arbeitslos geworden sind, § 160 SGB III, **(Ruhen ohne Verminderung)**.

Für Details wenden Sie sich an die Arbeitsagentur Ihres Wohnsitzes.

 Achtung: Ihr Arbeitslosengeld I-Anspruch ist **vier Jahre valide**. Haben Sie deshalb binnen der letzten vier Jahre aus welchem Grund auch immer seit Ihrer Arbeitsbeendigung kein Arbeitslosengeld I bezogen oder nur einen Teil aufgebraucht, erhalten Sie es bzw. den Rest noch.

2. Die Sperrzeit beim Bezug von Arbeitslosengeld I:

Sperrzeit bedeutet, dass Sie für den Zeitraum der Sperre gar kein Arbeitslosengeld erhalten. Ihr Arbeitslosengeldanspruch ruht also. Zusätzlich reduziert sich Ihr gesamter Anspruch auf Arbeitslosengeld um ¼, was meist übersehen wird! Unabhängig hiervon sind Sie aber über die Arbeitsagentur auch während der Sperre kranken- und pflegeversichert, §§ 19 Abs. 2, 5 Abs. 1 SGB V, es besteht aber kein

Anspruch auf Krankengeld. Rentenversichert sind Sie dagegen während der Sperre nicht, § 3 Abs. 1 SGB VI.
Eine Sperrzeit wird von Ihrer Arbeitsagentur verhängt, wenn Sie sich als Arbeitnehmer versicherungswidrig im Sinne des SGB III verhalten ohne dafür einen wichtigen Grund zu haben. Ihr Verhalten hat also aus nicht billigenswerten Gründen dazu geführt, dass Ihr Arbeitsverhältnis beendet wurde. Da kein Grund für Sie bestand das Arbeitsverhältnis zu beenden werden Sie dafür bestraft, indem Ihnen für eine gewisse Zeit kein Arbeitslosengeld I gezahlt wird (Sperre oder Sperrzeit).
Die **Voraussetzungen** einer Sperre liegen vor, so dass sie von der Arbeitsagentur festgesetzt wird, wenn Sie Ihr Arbeitsverhältnis durch:

- Ihre Eigenkündigung,
- Ihre Zustimmung zu einem Aufhebungsvertrag bzw. in seltenen Fällen zu einem Abwicklungsvertrag/gerichtlichen Vergleich oder
- einen Grund, der Ihren Arbeitgeber zur verhaltensbedingten Kündigung berechtigt

selbstständig beenden und dadurch vorsätzlich oder mindestens grob fahrlässig die Arbeitslosigkeit herbeigeführt haben, § 159 Abs. 1 SGB III.
Hatten Sie einen wichtigen Grund, der Sie zur Beendigung des Arbeitsvertrages berechtigte, tritt keine Sperrzeit ein. Ein **wichtiger Grund** besteht grundsätzlich, **wenn**:

1. Ihr Arbeitgeber Ihnen eine rechtmäßige Kündigung ausgesprochen hätte oder hat und Sie zur Vermeidung der unumgänglichen Kündigung einen Aufhebungs- oder Abwicklungsvertrag/gerichtlichen Vergleich mit identischem Beendigungsdatum abgeschlossen haben, Ihr Arbeitsplatz deshalb ohnehin weggefallen wäre. Das gilt auch, wenn Sie auf einer Namensliste stehen und eine betriebsbedingte Kündigung anstelle des Aufhebungs- oder Abwicklungsvertrages/gerichtlichen Vergleichs erfolgte oder erfolgt wäre;

2. Sie leitender Angestellter gemäß § 14 Abs. 2 KSchG sind und Ihr Arbeitgeber Ihnen deshalb vereinfacht kündigen bzw. vereinfacht einen Auflösungsantrag stellen kann;

3. Ihre Weiterbeschäftigung infolge Mobbing oder nicht durch Ihren Arbeitgeber beseitigte Gesundheitsgefahren unzumutbar gewesen wäre;

4. Sie von einem unbefristeten Arbeitsvertrag in eine Befristung wechseln und danach arbeitslos werden, Sie aber durch die Befristung einen beruflichen Aufstieg, speziell mit besserer Bezahlung oder anderem Berufsfeld, erlangen;

5. Sie Ihr bisheriges Arbeitsverhältnis beenden, um zu Ihrem Ehe-/gleichgeschlechtlich geheirateten Lebenspartner zu ziehen bzw. um eine Heirat zu ermöglichen oder

6. erst der Umzug zum Partner die gemeinsame Betreuung und Erziehung Ihres Kindes ermöglicht.

Die Gründe 2 – 5 sollten Sie aber – wenn überhaupt – mit Vorsicht wählen und im Vorfeld die Agentur Ihres Wohnsitzes hierauf ansprechen.

Aufgrund der internen Durchführungsanweisung der Arbeitsagenturen, die Sie im Internet herunterladen können, führt ein Aufhebungsvertrag **auch** aufgrund des Entscheidungsspielraums der Agentur **nicht** zu einer Sperre, **wenn**:

- Die Kündigung durch Ihren Arbeitgeber mit Bestimmtheit in Aussicht gestellt wurde,
- die Arbeitgeberkündigung auf betriebliche Gründe gestützt würde,
- die Arbeitgeberkündigung frühestens zu demselben Zeitpunkt wie die im Aufhebungs- oder Abwicklungsvertrag/gerichtlichen Vergleich vereinbarte Vertragsbeendigung wirksam würde, also keine Verkürzung der ansonsten anwendbaren Kündigungsfrist vorliegt,

- Ihr Arbeitgeber die Kündigungsfrist eingehalten hat und kein wichtiger Grund vorliegt, d. h. nur eine ordentliche Kündigung und keine außerordentlich fristlose oder außerordentliche mit sozialer Auslauffrist gegeben ist, sowie
- Sie eine Abfindung zwischen 0,25 – 0,5 Bruttomonatsverdiensten pro Beschäftigungsjahr erhalten; sollte Ihnen mehr oder weniger gezahlt werden, muss die Kündigung rechtmäßig gewesen sein.

Um möglichst sicher **eine Sperre zu vermeiden**, sollten Sie immer vor dem Abschluss eines Aufhebungsvertrages bzw. Abwicklungsvertrages/gerichtlichen Vergleichs Rücksprache mit einem Anwalt und zusätzlich der Arbeitsagentur Ihres Wohnsitzes Rücksprache halten, um etwaige Probleme im Vorfeld zu erkennen. Sollten o. g. Konstellationen gegeben und ein gerichtlicher Vergleich auf der Basis abgeschlossen worden sein, ist das Risiko einer Sperre deutlichst minimiert. Dennoch kann in Einzelfällen eine nachteilige Entscheidung nicht ausgeschlossen werden. Hier bleibt Ihnen aber die Möglichkeit binnen einer Woche gegen den Bescheid der Agentur für Arbeit schriftlich **Widerspruch** und gegen den Widerspruchsbescheid **Klage** zu erheben.

Die **Höhe** der Sperre beträgt bei:

- einer Arbeitsaufgabe (Eigenkündigung, Zustimmung zu einem Aufhebungsvertrag/in seltenen Fällen zu einem Abwicklungsvertrag/gerichtlichen Vergleich oder durch einen Grund, der Ihren Arbeitgeber zur verhaltensbedingten Kündigung berechtigt) ohne wichtigen Grund 12 Wochen, § 159 Abs. 1 Satz 2 Nr. 1 SGB III,
- zumutbarer Arbeitsablehnung durch Sie drei – 12 Wochen, § 159 Abs. 1 Satz 2 Nr. 2 SGB III,
- Ihren unzureichenden Eigenbemühungen/Bewerbungen zwei Wochen, § 159 Abs. 1 Satz 2 Nr. 3 SGB III,

- einer Ablehnung oder Abbruch einer beruflichen Eingliederungsmaßnahme drei – 12 Wochen, § 159 Abs. 1 Satz 2 Nr. 5 SGB III,
- Ihrer Nichtmeldung eine Woche, § 159 Abs. 1 Satz 2 Nr. 6 SGB III oder
- einer verspäteten Arbeitslosenmeldung eine Woche, § 159 Abs. 1 Satz 2 Nr. 7 SGB III,

wobei die Länge gemäß § 159 Abs. 3 und 4 SGB III variieren kann.

Der **Beginn** der Sperre setzt immer einen Tag nach Ihrem Fehlverhalten während der Zeit, in der Sie normalerweise Arbeitslosengeld I beziehen würden, ein, § 159 Abs. 2 SGB III.

3. Die Abfindung:

Ist eine Abfindung im Aufhebungs- oder Abwicklungsvertrag/gerichtlichen Vergleich bei der Beendigung Ihres Arbeitsverhältnisses vereinbart, wird diese üblicherweise als Bruttobetrag angegeben. Sollte eine **Nettoabfindung** vereinbart werden, was in der Praxis so gut wie nie vorkommt, haftet Ihr Arbeitgeber für die gesamten von Ihnen und Ihrem Arbeitgeber zu zahlenden Sozialversicherungsbeiträge und Steuern.

Bei einer **Bruttoabfindung** muss Ihr Arbeitgeber keine Sozialversicherungsbeiträge zahlen, wodurch Sie Ihm eine Abfindung schmackhaft machen können. Sie trifft dagegen die Lohn-/Einkommenssteuer bzgl. der Abfindung. Sozialversicherungsbeiträge müssen aber auch Sie nicht zahlen.

Die Abführung an die Steuer und Abrechnung gegenüber Ihnen erfolgt immer über Ihren Arbeitgeber.

Bei Ihrer Versteuerung gilt die **Fünftelregelung**, § 34 Abs. 1 EStG. Hiernach teilen Sie die gesamte Bruttoabfindung durch fünf und addieren das Ergebnis zu Ihrem sonstigen Bruttojahreseinkommen. Aus einer Einkommens- und Splittingsteuertabelle können Sie Ihre Steuerbelastung einmal mit und einmal ohne das Abfindungsfünftel in Euro ersehen.

Solche Tabellen finden Sie z. B. im Internet. Die von Ihnen zu versteuernde Differenz dieser beiden Eurobeträge multiplizieren Sie mit fünf. Der sich dann ergebende Eurobetrag muss von Ihnen versteuert werden.

4. Die Anrechnung von Abfindung, Arbeitsentgelt & Urlaubsabgeltung auf das Arbeitslosengeld I:

Ist eine **Abfindung** im Aufhebungs- oder Abwicklungsvertrag/gerichtlichen Vergleich bei der Beendigung Ihres Arbeitsverhältnisses vereinbart worden, kann diese auf den sich ggf. anschließenden Bezug von Arbeitslosengeld I angerechnet werden, wenn Sie arbeitslos werden.

Sollte Ihre individuelle Kündigungsfrist bei der Beendigung durch eine Kündigung oder einvernehmlich durch einen Aufhebungsvertrag nicht eingehalten worden sein, ruht Ihr Anspruch auf Arbeitslosengeld I vom Ende Ihres Arbeitsverhältnisses bis zum Ablauf der sonst einzuhaltenden Kündigungsfrist. Ruhen heißt hier, dass der Beginn der Arbeitslosengeldzahlung sich nach hinten verschiebt; Ihr Gesamtanspruch von z. B. 360 Tagen vermindert sich dagegen nicht. Gemäß § 158 SGB III gilt z. T. eine bestimmte – für Sie immer die günstigste – Berechnungsmethode.

Nach o. g. Grundsätzen ruht ebenfalls Ihr Anspruch auf Arbeitslosengeld I bis zur Beendigung des Arbeitsverhältnisses, wenn Sie noch **Arbeitsentgelt und/oder Urlaubsabgeltung** erhalten.

5. Das Arbeitslosengeld II (Sozialhilfe):

Erhalten Sie aus welchen Gründen auch immer kein Arbeitslosengeld I, ist es sehr gering oder es läuft aus, erhalten Sie (zusätzlich) Arbeitslosengeld II (Sozialhilfe). Hierfür müssen Sie aber **grundsätzlich** vorher Ihr **Vermögen aufbrauchen**, wobei hiervon wichtige Ausnahmen bestehen, z. B. bei selbstbewohntem Eigentum (kleine Eigentumswohnung oder kleines Einfamilienhaus).

Ihr Anspruch auf Arbeitslosengeld II (Sozialhilfe) unterliegt keinen Fristen oder sonstigen Voraussetzungen, außer dass Sie nicht genug Geld haben, um davon leben zu können. D. h. Sie können diese Leistung auch dann in Anspruch nehmen, wenn Sie das aus welchen Gründen auch immer vorher nicht getan haben.

Hinsichtlich der Details wenden Sie sich an die Arbeitsagentur Ihres Wohnsitzes.

3. Teil: Der Umgang mit dem Gericht, Rechtsbeistand & den Behörden

I. Das Gericht :

Gerichte sind heute viel serviceorientierter und freundlicher als früher, trotzdem werden Fehler gemacht.

Die **sachliche Zuständigkeit** der Arbeitsgerichte bestimmt sich nach § 2 Arbeitsgerichtsgesetz (ArbGG). Für Sie wesentlich ist die Zuständigkeit bei Kündigungen, Befristungen und Ansprüchen aus dem Arbeitsverhältnis, z. B. bei Zahlungsklagen.

Das Arbeitsgericht (ArbG) ist die erste **Instanz**, die zweite Instanz (Berufung) findet vor dem Landesarbeitsgericht (LAG) und die dritte und letzte Instanz (Revision) vor dem Bundesarbeitsgericht (BAG) statt.

Jedes gerichtliche Verfahren beginnt vor dem Arbeitsgericht. Nur hier können Sie sich auch als Nichtjurist ohne professionellen Rechtsbeistand selbst vertreten, wenn Sie volljährig sind, § 11 ArbGG. Die **örtliche Zuständigkeit** richtet sich nach dem Sitz Ihres Arbeitgebers. Die **Verhandlungen** sind **öffentlich**, d. h. nicht nur Ihnen wohl gesonnene Personen können aus Interesse oder zur Weitergabe von Informationen hinten im Gerichtssaal mithören. Zu den Gerichtsterminen wird üblicherweise das **persönliche Erscheinen** von Ihnen und das Ihres Arbeitgebers durch das Gericht angeordnet. Hierdurch wird bezweckt, dass die Details des Falles durch die Betroffenen direkt in Erfahrung gebracht werden können; zusätzlich soll ein persönlicher Eindruck der Parteien durch das Gericht gewonnen werden. Für die Arbeitgeberseite wird – notfalls in Untervollmacht – die sachnächste Person, meist der Personalverantwortliche, anstelle des geladenen Chefs, erscheinen. Von dem persönlichen Erscheinen kann das Gericht absehen, wenn es zur Entscheidung des Streits nicht notwendig ist, z. B. weil sich eine Nichtzahlung ohne fehlenden Grund aus den Akten ergibt oder eine intensive Verhinderung einer Partei, speziell durch Krankheit, vorliegt. Bei Krankheit sollten Sie dem Gericht ein Attest zur Verfügung stellen, da das persönliche Erscheinen auch in Ihrem Interesse wirklich wichtig ist: Sie können sich mehr einbringen, Ihren Anwalt auf Dinge im Termin hinweisen, die Gegenseite und das Gericht beobachten und erhalten so mindestens eine vorläufige Einschätzung der gerichtlichen Entscheidung. Sollten Sie an einem Gerichtstermin verhindert sein, können Sie auch ein-, zweimal eine **Verlegung** beantragen die begründet und ggf. nachgewiesen werden muss, z. B. bei Krankheit und Urlaub. Es lohnt sich aber immer ein Gerichtsverfahren möglichst schnell stattfinden und deshalb auch möglichst früh enden zu lassen.

Der erste Gerichtstermin in der ersten Instanz (**Gütetermin**) findet nach Eingang Ihrer schriftlichen Klage innerhalb von ca. zwei – sechs Wochen bei einer Klage gegen eine Kündigung (**Kündigungsschutzstreitigkeit**), bei sonstigen (Zahlungs-)Klagen nach ca. vier – acht Wochen je nach Arbeitsbelastung des Gerichts statt. Hier sitzt nur ein Berufsrichter. Wundern Sie sich nicht, wenn auf Ihre Klageschrift keine Erwiderung durch die Gegenseite vor dem ersten Gerichtstermin erfolgt; das ist üblich. Das Verfahren wird aufgerufen, dann folgt meist eine knappe Einführung des Richters in den Sachverhalt. Danach kann zuerst die Beklagtenseite zu Ihrer Klageschrift und ggf. der Einschätzung des Richters ihre Ansichten in tatsächlicher und rechtlicher Hinsicht darstellen, danach sind Sie als Klägerseite am Zug. Es entwickelt sich hieraus eine Art Diskussion, die sich entweder frei entwickelt oder z. T. vom Richter geführt wird. Diese endet grundsätzlich mit einer vorläufigen Einschätzung des Richters, die dieser als Kompromiss (**Vergleich**) zur Beendigung des Rechtsstreits beiden Parteien vorschlägt. Hierbei machen beide Parteien Zugeständnisse, weil bei jeder Partei nicht alles 1.000 %ig stimmt oder bewiesen werden kann. In ¾ aller Gütetermine wird ein Vergleich geschlossen, der protokolliert und Ihnen vom Diktiergerät vorgespielt wird. Zur Wirksamkeit müssen Sie bzw. Ihr Anwalt dem Vergleich noch mündlich zustimmen.

Sollte kein Vergleich im Gütetermin abgeschlossen werden, ist das nicht nachteilig. Es lohnt sich durchaus für manche Forderungen zu kämpfen, auch wenn das Gericht, die Gegenseite oder andere das – ggf. aus Eigennutz – anders sehen. In dem Fall werden die Klageanträge gestellt, Ihre Forderung stellen Sie also förmlich und Ihr Arbeitgeber lehnt das förmlich durch den Klageabweisungsantrag ab. Zusätzlich wird ein zweiter Gerichtstermin der ersten Instanz bestimmt (**Kammertermin**). Beide Parteien können zur Klageforderung schriftlich binnen einer Frist von üblicherweise vier – sechs Wochen Stellung nehmen. Eine Verlängerung der Frist ist für beide Parteien ein-, zweimal bis ca. insgesamt vier Wochen möglich. Reichen Sie den Schriftsatz nach Ablauf Ihrer Frist ein, kann Ihr Vortrag nach dem Ermessen des Gerichts in tatsächlicher Hinsicht ausgeschlossen werden. In rechtlicher Hinsicht kann nie **Verspätung** vorliegen, da Paragraphen immer angewendet werden müssen. Die Verspätung des Schriftsatzes können Sie auch nicht mehr korrigieren, indem Sie im nächsten Kammertermin dasselbe wiederholen. Deshalb sind Schriftsätze sehr wichtig! Im Schriftsatz ist grundsätzlich immer der Sachverhalt mit Beweisen und die rechtliche Würdigung enthalten.

Haben Sie die Klageschrift schriftlich eingereicht, die Gegenseite nach dem Gütetermin den gegnerischen und danach Sie Ihren, kommt es durchaus zu weiteren – nicht durch das Gericht aufgegebenen – Schriftsätzen, um den vorhergehenden gegnerischen Vortrag noch schnell vor dem Termin zu Fall zu bringen oder besonderes Engagement zu zeigen. Das ist nicht unbedingt notwendig, weil Sie bei neuem Vortrag der Gegenseite auf Ihren Antrag eine weitere schriftsätzliche Möglichkeit hierauf erhalten, wie auch die Gegenseite auf Ihren Vortrag (**Schriftsatznachlass**). Auf der anderen Seite droht die Verspätung, so dass Sie mit dem verspäteten Vortrag ausgeschlossen sein können. Zwar kann das in der zweiten Instanz nachgeholt werden, aber bis dahin haben Sie eine Instanz und viel Zeit und Geld vermeidbar verloren. Deshalb lohnt sich immer noch ein zackiger Schriftsatz zuviel!

Ca. drei – sieben Monate (!) nach dem Gütetermin findet der Kammertermin statt. Hier führt der Vorsitzende die Verhandlung, es nehmen aber zwei Laienrichter – ein Arbeitgeber und ein Arbeitnehmer – an der erneut öffentlichen Verhandlung teil. Der Vorsitzende führt erneut in den Sach- und Streitstand ein, die Parteien können abermals Ihre Auffassungen darstellen und es kommt wieder zu einer Diskussion. Z. T. wurde für den Kammertermin eine Beweisaufnahme angeordnet, so dass die in den Beweisantritten der Schriftsätze benannten Zeugen befragt werden, eine Ortsbegehung vorgenommen oder ein zuvor eingeholtes Gutachten präsentiert wird. Erstaunlicherweise werden Beweisaufnahmen in jeglicher Form aber nur in weniger als 90 % aller Fälle, bei denen sich das aufdrängt, durchgeführt! Im Kammertermin wird immer erneut die Frage eines Vergleichs angesprochen, der auch im Kammertermin in ¾ aller Fälle abgeschlossen wird. Sollte die Streitigkeit in sehr seltenen Fällen nicht komplett geklärt werden können, weil noch eine Beweisaufnahme notwendig wird, Termindruck im ersten Kammertermin besteht o. ä. wird ein zweiter, fast nie ein dritter, Kammertermin angeordnet. Hierzu können gerichtlich weitere Schriftsatzfristen für beide Parteien bestimmt werden.

Nach dem (letzten) Kammertermin ergeht – falls kein Vergleich geschlossen sein sollte – ein **Urteil**. Dieses wird üblicherweise nach dem Kammertermin in einem Verkündungstermin unbürokratisch verkündet oder schriftlich den Parteien übersandt. Für den ca. zwei Wochen nach dem (letzten) Kammertermin folgenden Verkündungstermin muss niemand erscheinen. Das Urteil wird Ihnen nach der Abfassung der Urteilsgründe ca. ein – vier Monate später schriftlich durch die Post zugestellt.

Sowohl im Gerichtstermin als auch außerhalb – dann durch Schreiben (**Schriftsätze**) an das Gericht – kann auf die Klageforderung von beiden Seiten reagiert werden, speziell durch Rücknahme oder Verzicht der Klage immer durch den Kläger, Anerkenntnis (AU) durch den Beklagten oder Versäumnisurteil (VU).

Die **Klagerücknahme** und erst recht der **Klageverzicht** wird nur sehr selten erklärt, da Sie als Kläger dadurch auf die weitere Durchführung des Verfahrens komplett verzichten. Das sollte nur dann geschehen, wenn Sie wirklich gar keine Chancen vor Gericht haben. Da Sie die Streitigkeit vor einem Gerichtsverfahren von einem Anwalt prüfen lassen sollten, wird das zuvor besprochen, so dass sich die Frage einer Rücknahme oder eines Verzichts in der Praxis kaum stellt. Wenn Sie keinen Anwalt haben, sollten Sie die Klage dennoch nicht zurücknehmen, weil Sie ansonsten Ihr Klagerecht verlieren, d. h. wegen der konkreten Streitigkeit, wegen derer Sie klagen, z. B. Kündigung vom … zum … oder Zahlung des Oktobergehalts 2017 von … €, können Sie nie wieder erneut klagen! Lassen Sie sich auch nicht dadurch ködern, dass die Klagerücknahme bis zur Stellung der Klageanträge kurz vor Ende des Gütetermins in der ersten Instanz noch ohne Gerichtskosten kostenlos ist – da Sie die Kosten für Ihren Anwalt immer zahlen müssen und eine Klagerücknahme oder ein Verzicht einschneidende Folgen hat! Beachten Sie, dass auch eine teilweise Klagerücknahme und ein teilweiser Klageverzicht erklärt werden kann.

Das **Anerkenntnis** der Klageforderung durch den Beklagten ist mehr oder weniger das Gegenteil der Klagerücknahme. Es ist ebenfalls selten, da die Beklagtenseite über die Klageforderung wahrscheinlich genauso wie Sie nachgedacht und sich vorher juristisch hat beraten lassen. Auch ein Teil-Anerkenntnis ist möglich. Das (Teil-)Anerkenntnis erfolgt durch das (Teil-)Anerkenntnis-Urteil.

Schließlich kann ein **Versäumnisurteil** ergehen. Das ist grundsätzlich nur zugunsten der Klägerseite der Fall, wenn auf Beklagtenseite niemand erscheint oder verhandelt bzw. keine Klageanträge im Gerichtstermin stellt. Üblicherweise wird dann aber das Verfahren ausgesetzt, d. h. pausiert. Gegen ein Versäumnisurteil kann die Partei, die säumig war innerhalb von einer Woche bei einem Urteil des Arbeitsgerichts Berufung einlegen. Beim Versäumnisurteil ohne mündliche Verhandlung ist eine sofortige Beschwerde zum Landesarbeitsgericht zulässig. Beim Aussetzen wird das Verfahren unbürokratisch zu einem späteren Termin wieder aufgerufen.

Auch eine **Aufrechnung** der Klageforderung durch die Gegenseite ist möglich, wenn zwei Zahlungsforderungen sich gegenüberstehen. Prozessual wird das durch eine **Widerklage der Gegenseite** durchgeführt. Beides ist üblicherweise nur in der ersten Instanz der Fall.

Unabhängig von einer **Unterbrechung des laufenden Gerichtsverfahrens** zur internen Besprechung oder auch mit der Gegenseite wie das Verfahren weiter betrieben wird oder welche Vergleichsinhalte vereinbart werden sollen, kann eine Unterbrechung des laufenden Gerichtsverfahrens prozessual durch eine **gemeinsame Ruhendstellung des Verfahrens** beider Parteien erfolgen. Das ist gerade im Hinblick auf Vergleichsgespräche, die noch intensiviert werden müssen, in der Praxis oft verbreitet. Im Falle der Einigung beider Parteien wird dann der Vergleich meist **im schriftlichen Verfahren** durch das Gericht oder in einem separaten Termin abgeschlossen. Für den Abschluss im schriftlichen Verfahren übersendet jede Partei den Vergleich ans Gericht und das protokolliert diesen dann amtlich. Hierdurch muss kein separater Termin mit Zeit und Mühe bestimmt und wahrgenommen werden.

Selten wird eine **Aussetzung des Gerichtsverfahrens** bis zu einem bestimmten Ereignis durch das Gericht beschlossen. Wenn das so sein sollte, dann geschieht dies im Gütetermin und nur in folgenden Fällen: Nach § 149 ZPO kommt es zu einer vorläufigen Aussetzung des arbeitsgerichtlichen **Kündigungsschutzverfahren**s, wenn die zur Kündigung führende **Straftat** von Ihnen als Arbeitnehmer erst noch durch den Abschluss des Ermittlungs- und ggf. Strafverfahrens abgewartet werden soll. Die Aussetzung ist aber unzulässig, wenn die Kündigung schon aus anderen Gründen, z. B. formellen, unwirksam ist. Eine Aussetzung ist auch im Fall des § 148 ZPO bei einer **Kündigungsschutzklage eines Schwerbehinderten** wegen eines parallel schwebenden und noch nicht rechtskräftig abgeschlossenen Widerspruchs-/Gerichtsverfahrens vor dem Verwaltungsgericht bzgl. der Zustimmung des Integrationsamts zur Kündigung möglich. Aber auch in diesem Fall ist die Aussetzung nur zulässig, wenn die Verwaltungsentscheidungen überhaupt für die Kündigung relevant sind, was gerade nicht der Fall ist, wenn primär formelle Fehler vorliegen!

Erstinstanzliche **Urteile** sind immer **vorläufig vollstreckbar**, § 62 ArbGG. D. h. das was im Urteilsspruch steht, muss von beiden Parteien befolgt werden, auch wenn ggf. die zweite oder dritte Instanz noch nicht darüber entschieden hat. Der Urteilsspruch jeder Instanz kann im Fall der Weigerung durch die Gegenseite auch zwangsweise mittels Zwangsvollstreckung erzwungen werden. Ferner können Sie gemäß § 61 Abs. 2 ArbGG von Ihrem unterliegenden Gegner <u>Schadensersatz</u> verlangen, wenn dieser seinen Pflichten aus dem Urteil nicht innerhalb einer bestimmten Frist nachkommt. Sollte in einer weiteren Instanz ein anderes Ergebnis durch Urteil, Vergleich, Klagerücknahme, Anerkenntnis, etc. erzielt werden, wird das erstinstanzliche Urteil natürlich abgeändert und eine Zwangsvollstreckung bzw. Schadensersatzpflicht ist dann nicht mehr möglich.
Die vorläufige Vollstreckbarkeit kann nur dann durch den Verlierer des Rechtsstreits <u>vermieden</u> werden, wenn er glaubhaft macht, dass er ansonsten einen nicht zu ersetzenden Nachteil durch die vorläufige Vollstreckbarkeit erleidet. Die Voraussetzungen sind hier sehr hoch, so dass das in der Praxis kaum eine Rolle spielt.
Ansonsten kann die vorläufige Vollstreckbarkeit gemäß §§ 767, 769 ZPO bis zur Entscheidung über eine Vollstreckungsgegenklage <u>zeitweise verhindert</u> werden, wenn nach Erlass des Urteils neue Tatsachen eingetreten sind, die der Klageforderung wirksam entgegengesetzt werden können. Auch das ist selten in der Praxis.

Nach der ersten Instanz schließt sich die **Berufung** als zweite Instanz an, wenn das im erstinstanzlichen Urteil wegen grundsätzlicher Bedeutung, Abweichung von höherrangigen Urteilen zugelassen wurde – sehr selten – oder der Streitigkeit ein Betrag von mehr als 600 € brutto zugrunde liegt, § 64 ArbGG. Eine Berufung ist aber immer **möglich** bei Kündigungsschutzklagen und Klagen gegen ein Versäumnisurteil. In der Berufung müssen Sie sich durch einen **Rechtsbeistand**, d. h. Anwalt oder Rechtssekretär der Gewerkschaft, vertreten lassen.

Die Berufung muss von dem in erster Instanz Verlierenden innerhalb von einem Monat ab postalischer Zustellung des Urteils samt Urteilsgründen schriftlich eingelegt und zwei Monate nach der Zustellung bei Ihnen schriftlich begründet werden. Üblicherweise kann eine einmonatige Verlängerung der Begründungsfrist auf Antrag durch das Gericht gewährt werden. Danach gilt das auch für den gewinnenden Gegner.

Im Arbeitsrecht ist es im Gegensatz zum sonstigen Zivilrecht eine Besonderheit, dass **keine Präklusion** Anwendung findet, § 67 ArbGG. D. h. neue und speziell in der ersten Instanz verspätet vorgebrachte Tatsachen können Sie noch in der zweiten Instanz vortragen – rechtliche Ausführungen ohnehin. Auch eine Besonderheit ist, dass wegen eines Verfahrensfehlers das Landesarbeitsgericht nie an das Arbeitsgericht zurückverweisen kann.

Der schriftsätzliche Vortrag für die Berufung ist zwar juristisch intensiver; da die Streitigkeit aber bereits erstinstanzlich erörtert wurde wiederholen sich die Fragen meist, so dass nicht sehr viel Neues ausgetauscht wird. Deshalb kommt es nach Ablauf der Begründungsfristen weniger zu weiteren Schriftsätzen als in der ersten Instanz. Auch ein Schriftsatznachlass ist nicht mehr derart verbreitet und notwendig.

Die **Verhandlung** beginnt wieder mit einer Zusammenfassung der Streitigkeit durch den Vorsitzenden Richter, der durch zwei Laienrichter aus der Arbeitgeber- und Arbeitnehmersphäre im Gerichtstermin begleitet wird. Hierauf folgt wieder eine geregelte Diskussion. Es wird abermals die Frage eines **Vergleich**sschlusses erörtert, ggf. ein Vergleich abgeschlossen und ansonsten nach Stellung der Anträge ein Urteil gesprochen. Dieses wird Ihnen nach ca. ein – vier Wochen schriftlich per Post zugestellt. Mit der Berufung sind 90 % aller arbeitsgerichtlichen Streitigkeiten rechtskräftig beendet, so dass keine weitere rechtliche Überprüfung mehr möglich ist.

Nur sehr wenige Streitigkeiten werden in der **Revision** überprüft. Die Revision findet vor dem Bundesarbeitsgericht gegen Urteile der Landesarbeitsgerichte statt, wenn diese die Revision zugelassen haben, § 72 ArbGG. Eine Zulassung erfolgt immer, wenn eine entscheidungserhebliche Rechtsfrage grundsätzliche Bedeutung hat oder das landesarbeitsgerichtliche Urteil von der Rechtsprechung höherer Gerichte oder eines anderen Richters des Landesarbeitsgerichts abweicht. Auch bei groben Verfahrensfehlern, die fast nie vorkommen, ist eine Revision zulässig. In der Revision müssen Sie sich durch einen Anwalt oder Rechtssekretär der Gewerkschaft vertreten lassen. Der Ablauf ist identisch wie in der zweiten Instanz.

Durch eine **Nichtzulassungsbeschwerde** kann ein Urteil zweiter Instanz binnen eines Monats nach der Zustellung des landesarbeitsgerichtlichen Urteils vor das Bundesarbeitsgericht zur Annahme gebracht werden. Die Begründung muss innerhalb von zwei Monaten nach der Zustellung des Urteils mit einmonatiger Verlängerungsmöglichkeit erfolgen. Bei einer nur 2 %igen Zulassungschance allein für die Annahme der Nichtzulassungsbeschwerde ist die Revision in der Sache noch unwahrscheinlicher. Bei der Nichtzulassungsbeschwerde müssen Sie sich durch einen Anwalt oder Rechtssekretär der Gewerkschaft vertreten lassen.

Sollte die Nichtzulassungsbeschwerde trotzdem zulässig sein, ist damit die Revision eingelegt. Sie muss aber noch in der Sache begründet werden. Ist das geschehen, wird die Revision durchgeführt. Mit Verwerfung der Nichtzulassungsbeschwerde, spätestens aber mit postalischer Zustellung des Revisionsverfahrens an Sie und Ihren Gegner, ist die Revision als auch jegliche rechtliche Überprüfung beendet. Das Gerichtsverfahren ist dann – bis auf die theoretische Möglichkeit einer Verfassungsbeschwerde und exotische Verfahren – rechtskräftig, d. h. abgeschlossen.

Die **Sprungrevision** gegen Urteile des erstinstanzlichen Arbeitsgerichts direkt zum Bundesarbeitsgericht hat für Sie als Arbeitnehmer kaum praktische Bedeutung, da hier nur die Auslegung und Anwendung von Tarifverträgen sowie Streitigkeiten zwischen Tarifvertragsparteien verhandelt werden, § 76 ArbGG.

Ebenfalls praktisch bedeutungslos ist die **Verletzung rechtlichen Gehörs**, § 78 ArbGG.

Generell zu beachten ist, dass gegen **Beschlüsse im laufenden Verfahren** jede Partei binnen zwei Wochen Beschwerde einlegen kann.

In besonders eiligen Fällen wird einstweiliger Rechtsschutz durch eine **einstweilige Verfügung** oder **Arrest** in das Vermögen des Gegners angewendet.

Ein **Schiedsverfahren** ist für Arbeitnehmerverfahren anstelle der sonst zuständigen Gerichte grundsätzlich nur für Künstler und Seeleute vorgesehen, § 101 ArbGG.

1. Die Tipps & Tricks vor Gericht:

Jeder Fall, jede Partei, jedes Gericht und jeder Richter ist anders. Sie können trotzdem davon ausgehen, dass bestimmte Verhaltensweisen förderlich sind und andere gar nicht gut aufgenommen werden:

Zögern Sie nicht eine **Klage vor Gericht** zu erheben, das Recht steht jedem zu und jeder kann eine Überprüfung verlangen. Zuvor sollten Sie aber immer einen Anwalt oder Ihre Gewerkschaft in der Sache kontaktieren, um nicht rechtlich unvorbereitet im Gerichtssaal zu sitzen und sich ggf. über die Rechtseinschätzung dort zu wundern. Auch sollten Sie einen Rechtsstreit gegen Ihren Arbeitgeber **zunächst außergerichtlich** wie erwachsene Leute versuchen zu vermeiden, z. B. durch Einschaltung eines Abteilungsleiters, des Chefs, Stimmungsmachern in der Kollegenschaft oder – soweit vorhanden – Ihren Betriebs-/Personalrat. Desweiteren kann Ihr Anwalt bzw. Rechtssekretär der Gewerkschaft vor einem Gerichtsverfahren Kontakt mit Ihrem Arbeitgeber aufnehmen und so eine Lösung erarbeiteten. Das ist manchmal schneller, kostengünstiger und vor allem gesichtswahrender für alle Beteiligten.

Gehen Sie davon aus, dass Sie bei einer Kündigung durch Ihren Arbeitgeber bis auf Kündigungen in der Probezeit und gut vorbereitete verhaltensbedingte Kündigungen **immer eine Abfindung** erhalten, auch wenn Sie hierauf keinen gesetzlichen Anspruch haben: Je höher die rechtlichen Anforderungen für Ihren Arbeitgeber sind die Kündigung wirksam zu erklären und je mehr Sie dem rechtlich und tatsächlich entgegensetzen können, desto intensiver kommt Ihr Arbeitgeber in Schwierigkeiten das Gerichtsverfahren zu gewinnen, so dass Ihre Chancen auf eine Abfindung steigen. In der Praxis ist es immer wieder zu beobachten, dass Arbeitgeber deutlich lieber eine Abfindung zahlen, dadurch aber Mühe, Zeit und Ungewissheit eines Gerichtsverfahrens sparen, speziell wenn Sie nicht ohne Not an Ihrer bisherigen Arbeitsstelle festhalten oder unnötige Emotionen und Unsachlichkeiten ins Verfahren einbringen. Arbeitgebern ist das – neben ihrem immer großen Bedürfnis das Unternehmen nach ihren Interessen und Bedürfnissen auszurichten – in 99 % aller Kündigungsschutzverfahren eine Abfindung wert! Das sollten Sie außergerichtlich und gerichtlich ausreizen. Beachten Sie die **gerichtlich bekannte Faustformel**: Länge der Betriebszugehörigkeit (mehr als sechs Monate werden auf ein Jahr aufgerundet, ansonsten wird abgerundet) * letzte Bruttovergütung pro Monat/zwei = Ihre Bruttoabfindung bei einer arbeitgeberseitigen Kündigung, wenn ausgeglichene Erfolgschancen bestehen, d. h. 50:50 Gewinnchancen. Ist die Kündigung offensichtlich rechtlich unzulässig oder will Ihr Arbeitgeber Sie aus welchen Gründen auch immer schnell und ohne weiteres Aufsehen als die ausgesprochene Kündigung loswerden, steigen Ihre Chancen mehr als die Faustformel zu erhalten auf bis zu ein Bruttomonatseinkommen pro Betriebszugehörigkeitsjahr. Ist die Kündigung dagegen offensichtlich zulässig (außer bei einer Probezeitkündigung und einer sehr gut vorbereiteten verhaltensbedingten Kündigung ist das fast nie der Fall), haben

Sie sehr geringe Gewinnchancen, so dass Ihre Chance auf eine Abfindung egal in welcher Höhe deutlich sinken!

Arbeitsgerichtsprozesse sind **öffentlich**, d. h. jeder kann hieran teilnehmen. Nicht nur Ihnen und Ihrem Arbeitgeber komplett fremde, sondern auch Ihnen wohl- oder übelgesonnene Personen. Deshalb sollten Sie hierauf im Zweifelsfall vorbereitet sein. Fühlen Sie sich – auch wenn Ihr Rechtsbeistand immer dabei ist – im Gericht und -verfahren aus welchen Gründen nicht wohl, nehmen Sie Ihre Familie, Freunde oder sogar offizielle oder inoffizielle Leibwächter mit. So gewinnen Sie mehr Kraft und wirken auch stärker.

Sollte in Ihrem Betrieb eine bestimmte Stimmung herrschen, können Sie – soweit vorhanden – auch Ihren Betriebs-/Personalrat kontaktieren, so dass er Sie entweder zusätzlich begleitet oder auf Personen einwirkt, die nicht erscheinen sollen. Nach einem Gerichtsverfahren kommt es nämlich immer zu Tratschereien von inkompetenten und mißgünstigen Leuten. Diese sollen nicht Sie, sondern – wenn überhaupt – Ihren Arbeitgeber betreffen. Seien Sie auch vorbereitet, dass Ihr Arbeitgeber ggf. Personen mitbringt, die Sie verunsichern oder Ihr Verhalten zu weiteren Zwecken beobachten können!

Stellen Sie möglichst keine Anträge auf **Verlegung des Gerichtstermins**. Manchmal sind Sie, Ihr Rechtsbeistand, die Gegenseite oder das Gericht verhindert, aber jede Verlegung kostet Sie Zeit: Ein späterer Termin wird mindestens einen Monat später stattfinden! Auch lohnt sich eine Verschleppung des Verfahrens für keinen der Parteien, sondern staut nur negative Emotionen und Stress auf. Außerdem haben Sie als Laie immer weniger den Blick für das Wesentliche und Ihre Zukunft. Je länger ein Gerichtsverfahren insgesamt dauert, desto mehr sind beide Parteien bereit nachzugeben. Außerdem fühlen sich beide Parteien mit fortschreitender Prozessdauer nicht mehr zugehörig, so dass eine Trennung bei einer Kündigung automatisch eintritt, unabhängig davon, dass Sie den Kontakt zu Kollegen und ggf.

dem know-how im Betrieb verlieren. Unterschätzen Sie die **Verfahrensdauer** nicht:

- Kündigungsstreitigkeiten dauern bei einem Vergleich ca. 0 – drei Monate,
- erstinstanzliche Urteile ca. drei – 12 Monate,
- bis zum zweitinstanzlichen Urteil vergehen insgesamt ca. sechs – 24 Monate und
- bis zum drittinstanzlichen Urteil ca. 14 – 36 Monate.

Andere Verfahren als Kündigungsschutzstreitigkeiten, z. B. Zahlungsverfahren, Klagen gegen eine Abmahnung, auf Teilzeit o. ä. können etwas länger dauern, da Kündigungsschutzstreitigkeiten beschleunigt bearbeitet werden. Dafür haben Sie aber nicht den höheren Druck wie bei einer Kündigungsschutzstreitigkeit.

Das **persönliche Erscheinen** von Ihnen und dem Arbeitgebervertreter ist nur von Vorteil, auch wenn das ggf. unangenehm ist.
Ihre **Kleidung** sollte normal gepflegt, aber nicht zu hochwertig oder zu unterwertig, schon gar nicht sexy sein. Alles hinterlässt einen negativen Eindruck und nur Ihr Rechtsstreit soll durch das Gericht gewürdigt werden.
Seien Sie **pünktlich**, auch wenn Gerichte selten pünktlich sind. Sie sollten sich mindestens 15 Minuten **vor** dem Gerichtstermin vor dem **Gerichtssaal** mit Ihrem Rechtsbeistand und Ihnen ggf. genehmen Personen, die Sie als öffentliche Zuhörer im Gerichtssaal dabeihaben möchten, **treffen**. Hierdurch laufen Sie sich warm, kommen mit der Atmosphäre des Gerichts und Gegners besser klar. Außerdem konzentrieren Sie sich mehr auf die Sache und sind wacher. Auch das ist bis auf sehr überschaubare Verfahren und gerichtlich erfahrene Personen fast immer sehr wichtig! Manche Rechtsbeistände sind oft abgehetzt und kommen auf die letzte Minute mit dem Handy am Ohr und Laptop unterm Arm. Sehr unprofessionell, auch die Verhandlung und Ihr

Verhältnis wird in den meisten Fällen darunter leiden; legen Sie hierauf im Vorgespräch mit Ihrem Rechtsbeistand großen Wert und achten Sie darauf, ob er hierauf wirklich eingeht. Bei dem Aufruf des Verfahrens stehen alle Beteiligen und ggf. anwesende Zuhörer auf und setzen sich erst, wenn der Richter sich setzt bzw. Sie dazu auffordert.

Während des Gerichtstermins halten Sie sich grundsätzlich zurück und lassen Ihren Rechtsbeistand **sprechen**, weil dieser erfahrener ist und auf die wirklich für den Streit wichtigen Dinge den Schwerpunkt setzt. Ergänzen Sie nur Dinge, die durch Ihren Anwalt falsch geschildert oder vergessen wurden, da er die Atmosphäre und die Ergänzungsbedürftigkeit besser einschätzen kann. Außerdem kann er die Ergänzung rechtlich besser rüberbringen. Während des Gerichtsverfahrens werden Sie deshalb kaum aktiv, es sei denn Sie sind wirklich gerichtserfahren. Ein guter Rechtsbeistand kann Ihren Vortrag am besten präsentieren, für Sie Positives herausstellen, sich dumm stellen, den Gegner kommen lassen, z. T. bewußt provozieren, dem Gegner Dinge in den Mund legen, die Sache bewußt beschleunigen oder zäh ziehen, auf abgelaufene Fristen der Gegenseite hinweisen, sticheln, bluffen und vor allem auf falsches oder fragwürdiges Verhalten Ihres Gegners hinweisen. Sollten dennoch Differenzen zwischen Ihnen und Ihrem Rechtsbeistand entstehen, halten Sie sich im Termin zurück, wenn keine Entscheidung oder ein Vergleich ansteht. Ansonsten unterbrechen Sie die Verhandlung sachlich und klären die rechtliche Situation mit Ihrem Rechtsbeistand. Ansonsten führen Sie den Termin zu Ende und besprechen die Situation später. Stimmt die Chemie zwischen ihnen beiden noch, liegt eine gleichberechtigte Akzeptanz vor, spricht er so, dass Sie verstehen, was er ausdrückt? Bedenken Sie, dass ein Wechsel des Rechtsbeistands Zeit und Geld kostet, außerdem bleibt leider häufig ein negativer Eindruck bei dem Gegner und dem Gericht. Außerdem brauchen Sie einen neuen Rechtsbeistand und bei diesen gilt ein Mandant, der den Rechtsbeistand wechselt als schwieriger, so dass Sie hierdurch nicht unbedingt etwas erreichen können. Deshalb: Klare Worte, klare Anspruchshaltung von Ihnen, Sie zahlen ja auch. Ist die Zusammenarbeit dann ok, bleiben Sie bei diesem, ansonsten noch einmal klare Worte. Falls dann keine Besserung eintritt, wechseln Sie den Rechtsbeistand!

Der **Umgang** während des Gerichtsverfahrens ist grundsätzlich ruhig und sachlich, teilweise sogar sehr kollegial und nett. Es kann aber auch lauter und wilder werden. Dann greift aber entweder Ihr Anwalt oder zumindest der Richter ein. Vereinzelt sind Richter nicht laut, aber strenger, was meist nicht gegen Sie gerichtet ist, sondern nur für die notwendige Ordnung oder Klarheit sorgen soll. Verhalten Sie sich deshalb auch vernünftig, unterbrechen Sie Richter nie, auch wenn Richter oft andere unterbrechen. Seien Sie gegenüber allen Beteiligten, d. h. dem Arbeitgeber, dessen Rechtsbeistand, Ihrem Rechtsbeistand, aber auch dem Richter **ruhig aber konsequent.** Lächeln, freundlich sein oder entschuldigen sollten Sie sich nicht, das wird nicht beachtet und ggf. als Schwäche ausgelegt. Wenn Sie etwas akustisch nicht verstehen, fragen Sie immer nach, egal wann. Fachliche Fragen sollten Sie während des Verfahrens aufschreiben und später Ihren Rechtsbeistand danach fragen. Seien Sie immer wach, der Gütetermin dauert zwischen 10 und 45 Minuten. Unterbrechen Sie den Termin lieber einmal zuviel, wenn Ihr Rechtsbeistand das auch so sieht, lassen Sie sich Zeit, und versuchen Sie selbstbewußt zu sein. Es geht im Gerichtsverfahren für Sie als Laien wahrscheinlich sehr, sehr schnell und es werden wahrscheinlich auch offene Fragen entstehen. Schreiben Sie sich diese auf und besprechen Sie das mit Ihrem Rechtsbeistand. Kritisieren Sie keinen Beteiligten, schon gar nicht das Gericht oder die schlimme Justiz.

Ein **Befangenheitsantrag** nach § 42 ZPO ist nur das äußerstes Mittel. In der Praxis ist er meist ein stumpfes Schwert und sollte ohnehin nur maximal zweimal eingesetzt werden. Ist ein Richter deshalb außerhalb der Sache unparteiisch oder beleidigend, lassen Sie ihn professionell ablaufen; ist es dann gut, können Sie das gerade noch akzeptieren, ansonsten muss sich Ihr Rechtsbeistand einschalten und der Richter muss danach einlenken. Fängt er immer wieder an oder nimmt sein Negativverhalten einseitig gegenüber Ihnen zu, sollte Ihr Rechtsbeistand einen Befangenheitsantrag in den Raum stellen. Sie halten sich hierbei zurück. Versuchen Sie den Gerichtstermin zu Ende zu bringen, auch für die Gegenseite ist die Situation eher unangenehm und rechtlich nicht von Vorteil. Erst nach dem Ende oder in einer bewußten Sitzungsunterbrechung, die richterlich nur bei diversen vorherigen oder völlig unberechtigten Unterbrechungen nicht genehmigt werden kann, sollten Sie einen förmlichen Befangenheitsantrag stellen. Die meisten Befangenheitsanträge müssen nur angedroht werden, um zu wirken. Sollte ein Befangenheitsantrag tatsächlich einmal begründet sein, sind die direkten Richterkollegen desselben Arbeitsgerichts für Ihren Fall zuständig. Das Verfahren wird dann zu demselben Prozessfortschritt fortgesetzt: Es ist deshalb nicht viel gewonnen oder? Sie können übrigens nicht die gesamte Kammer im Kammertermin, d. h. Richter und beide Laienrichter, als befangen ablehnen. Gegen einen Befangenheitsbeschluss, egal mit welchem Ergebnis, können Sie nicht mehr vorgehen.

Erschöpfen Sie mit Ihrer Klage alles, auch wenn Sie nicht förmlich gegen bestimmte Verhaltensweisen Ihres Arbeitgebers vorgegangen sind, z. B. eine Abmahnung, unterlassene Urlaubszurückweisung, permanente Überstundennotwendigkeit, soweit Zeit im Gerichtstermin besteht. Sprechen Sie das durchaus durch Ihren Rechtsbeistand an, um Ihren Gegner vor Gericht zu charakterisieren. Teilweise kann ein Erstaunen und ein strenger Hinweis des Gerichts dem zukünftig abhelfen. Nicht immer bietet sich allerdings die Situation im Termin an, nicht immer kommt ein strenger Hinweis des Gerichts und nicht immer reagiert Ihr Arbeitgeber angemessen.

Verhandeln kann man vor Gericht **nur mit Druck**(-mitteln), da die wenigsten Menschen freiwillig nachgeben. Seien Sie deshalb gerüstet und bereiten Sie das Gerichtsverfahren sowie den -termin vor. Können Sie alles chronologisch beschreiben und beweisen, gibt es Schwächen bei Ihrem Arbeitgeber, worauf legt er Wert und worauf gerade nicht? Können Sie und Ihr Rechtsbeistand zu einer streitigen Frage aktuell nichts Positives vorbringen, so dass Sie den Rechtsstreit verlieren würden, **flüchten** manche Rechtsbeistände **in die Säumnis**. D. h. Sie lassen die jetzige erste Instanz ungenutzt, so dass ein Versäumnisurteil zu Ihren Ungunsten ergeht und vertrauen darauf, dass Sie in der Berufungsinstanz hierauf eine passende Antwort finden und dann gewinnen. Das ist aber nur möglich, wenn noch keine förmlichen Klageanträge im Gerichtsverfahren gestellt wurden, was üblicherweise nach der Diskussion erfolgt. Die Flucht in die Säumnis ist im Arbeitsrecht wegen der fehlenden Präklusion von verspätetem Vortrag in der zweiten Instanz möglich. Der Nachteil liegt in einem deutlichen Zeitverlust bis zur Berufung. Außerdem ist auch durch Ihren Vortrag in der Berufung nicht gewährleistet, dass Sie deshalb gewinnen. Aus diesem Grund ist derartiges Vorgehen nicht besonders vorteilhaft. Anstatt dessen sollten Sie außergerichtlich oder durch einen Vergleich vor der ersten Instanz versuchen das Beste herauszuholen, um zügig zu einem Ende des Rechtsstreits kommen. Die Flucht in die Säumnis lohnt sich nur bei fehlender Gesprächsbereitschaft der Gegenseite, verhärteten Fronten und vor allem deutlich besseren Chancen für Sie in der Berufung, wenn Sie Ihre Antwort gefunden haben und beweisen können.

Vor Gerichten werden extrem viele **Vergleich**e geschlossen. Der Vergleich dient als Ersatz für ein Urteil und stellt einen Kompromiss für beide Parteien dar, da häufig nicht nur eine Partei zu 1.000 % Recht hat, dies beweisen kann und die andere Partei völlig im Unrecht ist. Außerdem werden Vergleiche gerne von Gerichten genutzt, um ein Verfahren zu beenden, weil Richter dann kein Urteil schreiben müssen, sondern nur den Vergleich kurz protokollieren. Zu den Inhalten und den sachlich-fachlichen Fragestellungen eines Vergleichs, s. Aufhebungs- und Abwicklungsvertrag & gerichtliche Vergleich.

Der **Vorteil eines Vergleichs** liegt darin, dass hierdurch der **Rechtsstreit sehr schnell abgeschlossen** ist und Sie so Ihr Recht zügig und mit weniger Mühe und Zeitaufwand durchsetzen können. Bis zu einem Urteil vergeht viel Zeit und Mühe, die sich nicht immer lohnt, schon allein deshalb, weil nicht nur im Güte-, sondern auch im Kammertermin erster Instanz, wie ebenso in der Berufung, als auch in der Revision immer wieder durch das Gericht versucht wird einen Vergleich zu schließen. Um die Konditionen des Vergleichs zu Ihren Gunsten zu beeinflussen müssen Sie deshalb weiteren für Sie positiven Vortrag beschreiben und beweisen. Ist das nicht möglich, stellt sich die Frage, weshalb Sie trotzdem davon ausgehen, dass Ihre Chancen zu gewinnen steigen. Andernfalls können Sie auch gleich einen Vergleich schließen. Außerdem müssen Sie die Gegenseite nach dem Vergleich nicht mehr in streitiger Atmosphäre sehen und können auch emotional einen Schlussstrich unter die Angelegenheit ziehen. Die **Nachteile eines Vergleichs** liegen darin, dass ein Vergleich zu schnell abgeschlossen werden kann. Gemeint ist damit ein **unüberlegt**er Abschluss, bei dem Sie sich nicht darüber bewußt sind, dass Sie im Fall eines Vergleichsschlusses ausschließlich nur das erhalten, was im Vergleich protokolliert wurde, nie mehr! **Sie verzichten** deshalb **auf einen Teil** Ihrer Forderungen, erkaufen sich dadurch aber ein schnelles Ende und Ruhe. Das müssen Sie anläßlich Ihres ersten Beratungstermins mit Ihrem Rechtsbeistand im Vorfeld und während eines Gerichtstermins, den Sie zur Feinabstimmung der Vergleichskonditionen unterbrechen sollten, immer abwägen: Können und wollen Sie auf Ihre Forderungen teilweise verzichten – wenn ja, wieviel sind Sie bereit nachzugeben? Das ist ganz wichtig! Hierauf sollten Sie auch schon im Vorfeld eines Rechtsstreits achten: Kann der Rechtsstreit außergerichtlich durch eine Vereinbarung/einen Kompromiss vermieden werden, mit dem Sie finanziell und gesichtswahrend leben können. Unabhängig davon ist ein **Vergleich 1/3 teurer als ein Urteil**, jedenfalls wenn Sie nicht durch die Gewerkschaft, sondern durch einen Anwalt vertreten werden, Sie nicht in einer

Rechtsschutzversicherung sind, Ihr Anwalt nach der gesetzlichen Rechtsanwaltsgebührenordnung (RVG) abrechnet und keine **Gebührenvereinbarung** mit Ihnen abschließt: Bei der Abrechnung nach RVG kann der Rechtsstreit so lange dauern wie er will. Solange er in derselben Instanz bleibt, bleibt es gleich teuer; bei einem Vergleichsschluss wird es aber noch etwas teurer. Dagegen ist es bei der Gebührenabrechnung zwar wie im Taxi, je länger es dauert, desto teurer wird es, aber Sie zahlen nur nach Zeiteinheiten und nicht nach prozessualen Handlungen. Abweichendes muss in einer Gebührenvereinbarung schriftlich geregelt sein. Mittlerweile können Sie die Kosten für einen Rechtsstreit nur noch von der Steuer absetzen, wenn dieser für Sie existenziell notwendig war. Das ist bei einer Kündigungsschutzklage aber immer der Fall, weil Sie ohne Arbeit viel weniger Geld zum Leben haben!

Es ist deshalb immer eine **fortwährende Abschätzung notwendig**, inwiefern und zu welchen Konditionen ein Vergleichsabschluss lohnenswert ist. Wie immer: **Nicht drängen lassen**, auch nicht zu einem Vergleichsabschluss, weder vom Gericht noch vom Gegner oder von Ihrem eigenen Rechtsbeistand. Jeder von denen hat Interesse am Abschluss eines Vergleichs: Das Gericht/der Richter, weil er dann Ihren Fall schnell weglegen kann und kein Urteil schreiben muss; Ihr Arbeitgeber ggf. auch, weil er den Rechtsstreit nicht nur beenden kann, sondern nicht Ihrer vollständigen Forderung nachkommen muss; dessen Anwalt erhält von Ihrem Arbeitgeber im Fall eines Vergleichs und Abrechnung nach RVG mehr Geld, ebenso Ihr Anwalt von Ihnen; außerdem können alle viel Zeit und Mühe sparen und schnell Ihre Rechnungen schreiben. Überlegen Sie sich deshalb im Vorfeld genau Ihre Vergleichsneigung! Übrigens: Ein **Vergleich kann in jedem Verfahrensstadium eines Gerichtsverfahrens geschlossen werden**. Ihnen läuft deshalb die Zeit nicht davon, **außer** Ihre Gewinnchancen verändern sich. Das ist aber eher selten und geschieht üblicherweise durch übersehene formelle Fehler, z. B. Fristen, ähnliche Gerichtsverfahren, die durch höhere Gerichte (BAG,

LAG), an denen sich die unteren Gerichte (ArbG, LAG) orientieren, entschieden wurden oder fehlende Beweise bzw. Beweise, die unvorhergesehen unbrauchbar sind.

2. Wie gewinne ich ein Gerichtsverfahren?

Lassen Sie sich nicht durch die Medien täuschen, ein Gerichtsverfahren gewinnen Sie **nicht durch Außergewöhnlichkeiten**, wie lautes, schnelles Sprechen, besondere Nettigkeiten gegenüber dem Richter, tolle Kleidung, besonders kämpferisches Verhalten, gute Argumente ohne Bezug zum Gesetz o. ä. Sollte keine deutliche Antipathie bei einem noch unerfahrenen Richter vorliegen, gewinnen Sie mit **guter Vorbereitung** in tatsächlicher und rechtlicher Hinsicht:

Sie kennen die rechtlichen Rahmenbedingungen durch dieses Buch. Sie wissen also, was in welchen Situationen vorliegen muss, um zu gewinnen oder zu verlieren. Um das gerichtlich überzeugend vorzutragen und beweisen zu können, schreiben Sie die Voraussetzungen auf, die vorliegen müssen, um Recht zu erhalten. Versuchen Sie auf einen Gewinn im Vorfeld hinzuarbeiten, indem Sie die **Voraussetzungen erarbeiten**, z. B. Fristen einhalten, Fehlzeiten bei einer drohenden krankheitsbedingten Kündigung minimieren, einen Antrag auf Schwerbehinderteneigenschaft stellen, freie gleichwertige Stellen im Betrieb ausfindig machen, um einen Alternativarbeitsplatz bei einer drohenden betriebsbedingten Kündigung konkret beschreiben zu können, etc. Hier gibt es extrem viel Potential, was fast nie ausgeschöpft wird! Sicher ist das in der Praxis nicht immer möglich, hierdurch optimieren Sie aber Ihre Chancen deutlichst und vermeiden vermeidbare Fehler. Wenn Sie dann noch einen erfahrenen Rechtsbeistand haben und Vertrauen zwischen Ihnen besteht, stehen Ihre Chancen sehr gut, besser geht es nicht!

3. Wie erkenne ich, dass ich wirklich gute Chancen habe zu gewinnen?

Zwar ist nicht sofort zu Beginn des Gerichtsverfahrens eindeutig, dass Sie oder Ihr Arbeitgeber gewinnen (obsiegen) werden, eine deutliche Tendenz, die Ihr erfahrener Rechtsbeistand verstehen wird, ist nach dem ersten (Güte-)Termin aber üblicherweise klar.

Diese Tendenz ändert sich nur selten, nämlich durch übersehene formelle Fehler, z. B. Fristen, ähnliche Gerichtsverfahren, die durch höhere Gerichte (BAG, LAG), an denen sich die unteren Gerichte (ArbG, LAG) orientieren, entschieden wurden oder fehlende Beweise bzw. Beweise, die unvorhergesehen unbrauchbar sind. Aber in 90 % aller Verfahren erfolgt ohnehin keine Beweisaufnahme.

Eine erste nicht nur aus der Hüfte geschossene Tendenz des Richters ist daher ein wichtiger Anhaltspunkt. Auch durch einen Richterwechsel oder die nächste Instanz ändert sich die Tendenz bzw. eine Entscheidung meist nur durch Vorgenanntes.

II. Der eigene Rechtsbeistand:
1. Die Notwendigkeit & Grenzen:

Seien Sie nicht der Meinung Sie können einen Arbeitsrechtsstreit selbst und ohne Rechtsbeistand führen, weil Sie kompetent genug sind oder nicht ausreichend Geld haben, um sich einen zu leisten.

Das ist grundfalsch und es kann nur eingehend davor **gewarnt werden einen außergerichtlichen und/oder gerichtlichen Rechtsstreit ohne Rechtsbeistand zu führen**, da juristische Laien nicht ausreichend beurteilen können, ob sie im Recht sind:

- Ihnen sind die **prozessualen Fallstricke** eines Rechtsstreites, wie Fristen, bestreiten, Beweislastverteilung, verspäteter und unvollständiger Vortrag, Konsequenzen, Alternativen, Ausbleiben vor Gericht und Rechtsmittel, etc. nicht oder nicht ausreichend bekannt.

- Im Übrigen können Sie auf den **Erfahrungsschatz eines Rechtsbeistandes** vertrauen, denn z. T. verbirgt sich hinter einem aus heiterem Himmel um eine Kleinigkeit initiierten Streit etwas ganz anderes, was ohne Erfahrung und ohne rechtlichen Hintergrund vermeidbar falsch eingeschätzt und unklug behandelt wird.

Zögern Sie nicht eine Klage vor Gericht zu erheben. Das Recht steht jedem zu und jeder kann es überprüfen lassen. Zuvor sollten Sie aber immer einen Anwalt oder Ihre Gewerkschaft in der Sache kontaktieren, um nicht rechtlich unvorbereitet im Gerichtssaal zu sitzen und sich ggf. über die Rechtseinschätzung dort zu wundern. Auch sollten Sie einen Rechtsstreit gegen Ihren Arbeitgeber zunächst außergerichtlich wie erwachsene Leute versuchen zu vermeiden, z. B. durch Einschaltung eines Abteilungsleiters, des Chefs, Stimmungsmachern in der Kollegenschaft oder – soweit vorhanden – Ihren Betriebs-/Personalrat. Desweiteren kann Ihr Anwalt bzw. Rechtssekretär der Gewerkschaft vor einem Gerichtsverfahren Kontakt mit Ihrem Arbeitgeber aufnehmen und so eine Lösung erarbeiten. Das funktioniert häufig schneller, ohne viel Mühen, Kosten und ist gesichtswahrender für alle Beteiligten.

2. Die Anwälte, Rechtsschutzversicherung & Gewerkschaften:

In Zeiten der Vollversorgung durch Rechtsschutzversicherungen und Gewerkschaftszugehörigkeit treffen Sie keine (hohen) Kosten und Sie sind in sicheren Händen.

Die jährlichen Beitragskosten und Bedingungen einer Rechtsschutzversicherung lassen sich bei den jeweiligen Versicherungen erfragen. Wie immer gilt: Was nichts kostet ist auch nichts, aber die teuerste ist nicht immer die beste Versicherung, vergleichen lohnt sich. Außer des jährlichen **Mitgliedsbeitrag**s fallen bis auf Ihre Selbstbeteiligung bei

Versicherungen weder bei einem Gewinn oder Verlust eines Rechtsstreits weitere Kosten an.

Achtung: Auch wenn es nervt: Lesen Sie sich vor Vertragsschluss die Bedingungen und das Kleingedruckte, speziell bzgl. Ihrer **Selbstbeteiligung, Mitversicherung für Familienangehörige, Boni, Rückstufungen und Fristen ab Vertragsbeginn bis zu deren Ablauf Sie die Versicherung noch nicht in Anspruch nehmen dürfen**, genau durch! Im Zweifelsfall sprechen Sie dies mit Ihrer Versicherung ab und lassen Sie sich das schriftlich geben.

Das gilt grundsätzlich nicht für Ihre Gewerkschaftszugehörigkeit, erkundigen Sie sich aber vorher! Nicht nur vor dem Streit, sondern auch für einen bestimmten Zeitraum zuvor müssen Sie Mitglied sein, bevor Sie die Leistungen in Anspruch nehmen können. Da Sie die Unterstützung durch die Gewerkschaft oder einen Anwalt über eine Rechtsschutzversicherung nicht **nur für einen Streit vor Gericht, sondern auch vorher außergerichtlich** in Anspruch nehmen können, muss der individuelle Rechtsfall immer <u>nach</u> der Mitgliedschaft in der Versicherung bzw. Gewerkschaft stattfinden.

a) Die Vollmacht:

Voraussetzung für die Mandatierung, also die Übernahme der Streitigkeit durch Ihren Rechtsbeistand – Anwalt oder Gewerkschaftssekretär der Gewerkschaft – ist, dass Sie diesen aufsuchen, beschreiben worum es geht und mit Ihrer Unterschrift schriftlich bevollmächtigen die Streitigkeit außergerichtlich und/oder gerichtlich für Sie zu übernehmen.

Mit der Vollmacht legitimiert sich Ihr Rechtsbeistand außergerichtlich gegenüber Ihrem Arbeitgeber bzw. dem Gericht, wenn es zu einem Gerichtsverfahren kommt.

Beispiel: Vollmacht für einen Anwalt
Zustellungen werden nur an den/die Bevollmächtig-te(n) erbeten!
Vollmacht
wird hiermit in Sachen x ./. y
wegen ...

eine Vollmacht erteilt:

1. zur Prozessführung (u.a. nach §§ 81 ZPO) einschließlich der Befugnis zur Erhebung und Zurücknahme von Widerklagen;
2. zur Antragstellung in Scheidungs- und Scheidungsfolgesachen, zum Abschluss von Vereinbarungen über Scheidungsfolgen sowie zur Stellung von Anträgen auf Erteilung von Renten- und Versorgungsauskünften;
3. zur Vertretung und Verteidigung in Straf- und Bußgeldsachen (§§ 302, 374 StPO) einschließlich der Vorverfahren sowie (für den Fall der Abwesenheit) zur Vertretung nach § 41 Abs. 2 StPO und mit ausdrücklicher Ermächtigung auch nach §§ 233 Abs. 1, 234 StPO, zur Stellung von Straf- und anderen nach der StPO zulässigen Anträgen und von Anträgen nach dem Gesetz über die Entschädigung für Strafverfolgungsmaßnahmen, insbesondere auch für das Betragsverfahren;
4. zur Vertretung in sonstigen Verfahren und bei außergerichtlichen Verhandlungen aller Art, insbesondere in Unfallsachen zur Geltendmachung von Ansprüchen gegen Schädiger, Fahrzeughalter und deren Versicherer;
5. zur Begründung und Aufhebung von Vertragsverhältnissen und zur Abgabe und Entgegennahme von einseitigen Willenserklä-

rungen z. B. Kündigungen in Zusammenhang mit er oben unter „wegen ..." genannten Angelegenheit.

Die Vollmacht gilt für alle Instanzen und erstreckt sich auch auf Neben- und Folgeverfahren aller Art, z. B. Arrest und einstweilige Verfügung, Kostenfestsetzungs-, Zwangsvollstreckungs-, Interventions-, Zwangsversteigerungs-, Zwangsverwaltungs-, und Hinterlegungs- sowie Insolvenzverfahren. Sie umfasst insbesondere die Befugnis Zustellungen zu bewirken und entgegenzunehmen, die Vollmacht ganz oder z. T. auf andere zu übertragen (Untervollmacht), Rechtsmittel einzulegen, zurückzunehmen oder auf sie zu verzichten, den Rechtsstreit oder außergerichtliche Verhandlungen durch Vergleich oder Anerkenntnis zu erledigen, Geld, Wertsachen und Urkunden, insbesondere auch den Streitgegenstand und die von dem Gegner, von der Justizkasse oder von sonstigen Stellen zu erstattende Beiträge entgegenzunehmen sowie Akteneinsicht zu nehmen.

Der Mandant wurde darüber belehrt, dass der beauftragte Rechtsanwalt im Rahmen der Vergütungsabrechnung den Gegenstandswert im Sinne des Rechtsanwaltsvergütungsgesetzes (RVG) / die anliegend separat zu unterzeichnende Gebührenvereinbarung zugrunde legt.

Hinweis gemäß § 12 a ArbGG: Im Urteilsverfahren des ersten Rechtszuges besteht kein Anspruch der obsiegenden Partei auf Entschädigung wegen Zeitversäumnis und auf Erstattung der Kosten für die Zuziehung eines Prozessbevollmächtigten oder Beistandes.

Ort, Datum	Unterschrift des Mandanten

b) Die Deckungszusage:

Haben Sie eine Rechtsschutzversicherung und möchten Sie einen Anwalt als Rechtsbeistand in Anspruch nehmen, benötigt dieser Ihre Unterschrift zusätzlich zur Vollmacht für die Deckungszusage Ihrer Versicherung. Deckungszusage bedeutet, dass Ihre **Versicherung die Kosten des Rechtsstreits** bis auf Ihre Selbstbeteiligung **übernimmt.**
Ihr Anwalt teilt hierfür Ihrer Rechtsschutzversicherung knapp schriftlich mit, weshalb Sie seine Hilfe in Anspruch nehmen und, dass der Rechtsstreit weder mutwillig, noch offensichtlich erfolglos ist.
Erteilt die Versicherung wie stets die Zusage, trägt Ihre Rechtsschutzversicherung bis auf Ihre Selbstbeteiligung die Kosten des Streits und Ihr Anwalt wird weiter tätig. Sollte Ihre Versicherung die Zusage ablehnen, was äußerst selten ist, müssen Sie überlegen, ob Sie Ihren Anwalt selbst bezahlen oder dessen Unterstützung nicht in Anspruch nehmen und den Rechtsstreit alleine führen oder auf den Streit verzichten. In dem Fall bringt auch ein Wechsel des Anwalts nichts, da sich jeder Anwalt so verhalten muss.
Die **Ablehnung** der Deckungszusage durch die Versicherung kann daraus resultieren, dass Sie entweder keinen Versicherungsschutz für Arbeitsrecht abgeschlossen haben, der Rechtsstreit durch Sie provoziert oder Sie in der jüngeren Vergangenheit bei dieser oder anderen Versicherungen zu viele Leistungen in Anspruch genommen haben.

 Beispiel: Deckungszusage
Sehr geehrte Damen und Herren,

im meiner Funktion als Rechtsanwalt vertrete Ihren Versicherungsnehmer, Herrn/Frau ... wohnhaft ... .
Streitgegenstand des vorliegenden Verfahrens ist die Kündigung des Arbeitsverhältnisses vom ... .
Nach Angabe des Versicherungsnehmers ist die Kündigung ungerechtfertigt, so dass der durch Ihren Versicherungsnehmer vorgetragene Sachverhalt die Kündigung nicht rechtfertigt.

Deshalb haben wir mit beigefügtem Schreiben den Arbeitgeber zur Rücknahme der Kündigung aufgefordert und bitten für Ihren Versicherungsnehmer um Ihre Deckungszusage, um die außergerichtliche und gerichtliche Interessenwahrnehmung für Ihren Kunden zu übernehmen.
Ferner bitten wir um Überweisung der anliegenden vorläufigen Gebühren.

Mit freundlichen Grüßen

Ort, Datum   Unterschrift Rechtsanwalt

3. Die Beratungshilfe für außergerichtliche Beratung:
Haben Sie:
- nur wenig Geld,
- keine Rechtsschutzversicherung, jedenfalls keine für Arbeitsrecht, und
- sind Sie kein Gewerkschaftsmitglied,

können Sie Beratungshilfe (BH) **für** eine **außergerichtliche Beratung durch einen Rechtsanwalt** in Anspruch nehmen, wenn Sie keine anderen Möglichkeiten haben und Ihre Beratung nicht mutwillig ist.
Suchen Sie einen Rechtsanwalt auf und weisen Sie ihn auf Ihre finanzielle Situation hin. Er wird dann selbst die Möglichkeit der BH erwähnen. Falls nicht, nennen Sie BH als Stichwort. Ihnen werden dann durch den Anwalt bzw. das Gericht o. g. BH-Unterlagen zur Verfügung gestellt.

Zur Bewilligung ist ein **Antrag** erforderlich, der mündlich oder schriftlich gestellt werden kann. Sie können diesen bei dem Arbeitsgericht stellen oder direkt einen Anwalt Ihrer Wahl mit der Bitte um Beratungshilfe aufsuchen. Hierbei müssen Sie angeben, was für **Einkommen, Vermögen, Unterhaltspflichten**, etc. Sie haben. Der Anwalt leitet Ihren Antrag auf Bewilligung der Beratungshilfe an das Arbeitsgericht weiter. Für einen schriftlichen Antrag muss ein Formular ausgefüllt werden, das beim Arbeitsgericht ausliegt und im Internet heruntergeladen werden kann, auch Anwälte haben diese Formulare.

Liegen die Voraussetzungen für die Gewährung von Beratungshilfe vor, stellt Ihnen das Arbeitsgericht, wenn es nicht selbst die Beratung übernimmt, einen Berechtigungsschein für einen **Anwalt Ihrer Wahl** aus. Wird die Beratungshilfe durch einen Anwalt gewährt, müssen Sie symbolische **10 €** zahlen. Die Kosten der BH trägt das Bundesland Ihres Wohnsitzes.

Sollten Sie die anwaltliche Beratung vor der Bewilligung von Beratungshilfe in Anspruch nehmen, müssen Sie Ihrem Anwalt die gesetzlichen Gebühren nach dem Rechtsanwaltsgebührengesetz (RVG) aus eigener Tasche zahlen, wenn Ihr **Antrag** später durch das Amtsgericht **abgelehnt** wird. Bei Bewilligung der BH trägt das Bundesland die Kosten.

Gegen einen Beschluss des Gerichts, durch den Ihr Antrag zurückgewiesen wird, können Sie den Rechtsbehelf der Erinnerung schriftlich beim Arbeitsgericht einlegen. Hierfür müssen Sie zwar keine Frist einhalten, in Ihrem eigenen Interesse sollen Sie aber sofort handeln.

 Achtung: Bei bewußt falschen oder unvollständigen Angaben können Sie sich wegen Betrugs strafbar machen.

Scheuen Sie keine Beratung allein aus Kostengründen, BH ist für Sie sehr nützlich.

4. Die Prozesskostenhilfe für gerichtliche Streitigkeiten:

Scheuen Sie die Kosten eines Gerichtsverfahrens **für Anwälte und Gericht**, weil Sie:
- wenig Geld haben,
- keine Rechtsschutzversicherung, jedenfalls keine für Arbeitsrecht, vorliegt

- und auch nicht Mitglied in der Gewerkschaft sind,

können Sie Prozesskostenhilfe (PKH) in Anspruch nehmen. Ihnen steht PKH zu, **wenn** Sie:

- einen Gerichtsprozess oder ein förmliches Verfahren führen müssen und die dafür erforderlichen Kosten nicht oder nur teilweise aufbringen können **und**
- nach Einschätzung des Gerichts nicht nur geringe Aussichten auf Erfolg haben **und**
- nicht von dem Rechtsstreit absehen würden, wenn Sie die Kosten selbst tragen müssten **und**
- keine sonstigen Stellen oder Ihre Verwandten aufgrund der gesetzlichen Unterhaltspflicht und finanzieller Leistungsfähigkeit das übernehmen müssen, was z. B. bei Ehepartnern, gleichgeschlechtlicher Lebenspartner einer eingetragenen Lebenspartnerschaft, Eltern(-teile) für unverheiratete Kinder sowie volljährigen Kindern mit Vermögen für Eltern und Geschwister der Fall ist.

Die zweite Voraussetzung stellt nur eine juristische Grobeinschätzung zu Beginn eines Rechtsstreits dar. Die wenigsten Streitigkeiten sind von Anfang an erfolglos, geschweige denn mutwillig, trotzdem sollte hiermit kein Schindluder getrieben werden.

PKH heißt aber nicht, dass Ihnen alles erlassen wird. Je nachdem wieviel Geld Sie haben, kann entschieden werden, dass Sie **keine oder nur Teilzahlungen** leisten müssen. Aus Ihrem laufenden Einkommen müssen Sie – wenn überhaupt – maximal 48 Monatsraten zahlen. Haben Sie Vermögen über ca. 3.000 €, erhalten Sie nur eingeschränkt PKH.
PHK müssen Sie beantragen. In dem **Antrag** müssen Sie das Streitverhältnis ausführlich und vollständig beschreiben. Außerdem muss sich hieraus die hinreichende Aussicht auf

Erfolg ergeben. Auch Beweismittel müssen Sie angeben. Hierbei unterstützt Sie ggf. das Arbeitsgericht oder ein Anwalt, speziell wenn Sie vorher BH in Anspruch nehmen. Dem Antrag müssen Sie zusätzlich eine **Erklärung über Ihre persönlichen und wirtschaftlichen Verhältnisse** (Familienverhältnisse, Beruf, Vermögen, Einkommen und Lasten) sowie entsprechende **Nachweise in Kopie** beifügen. Fehlende Unterlagen und Nachweise müssen Sie nachreichen. In extremen Ausnahmefällen, wenn Ihre Angaben zweifelhaft sind, kann die Bewilligung von einer eidesstattlichen Versicherung durch Sie abhängig gemacht werden.

 Achtung: Beachten Sie, dass eine falsche eidesstattliche Versicherung und falsche oder unvollständige Angaben strafbar sind und zum rückwirkenden Entzug der PKH führen. Dann müssen Sie die Kosten selbst zahlen.

Außerdem kann eine **wesentliche Veränderung Ihrer finanziellen Verhältnisse** berücksichtigt werden: Eine wesentliche Verbesserung Ihrer finanziellen Verhältnisse kann auch nachträglich bis zum Ablauf von vier Jahren seit der rechtskräftigen Entscheidung oder der sonstigen Beendigung des Verfahrens aufgehoben werden, so dass Sie die Kosten selbst tragen müssen. Verschlechtern sich Ihre Verhältnisse, ist auch eine Verringerung von festgesetzten Raten möglich.

Sie sind deshalb während des Gerichtsverfahrens und innerhalb eines Zeitraums von vier Jahren seit rechtskräftiger Entscheidung oder sonstigen Beendigung des Verfahrens **verpflichtet dem Arbeitsgericht** jede wesentliche Verbesserung Ihrer wirtschaftlichen Verhältnisse oder eine Änderung Ihrer Anschrift unaufgefordert und sofort **mitzuteilen**. Bei laufenden Einkünften müssen Sie einen Mehrerhalt von 100 € brutto pro Monat mitteilen. Reduzieren sich Ihre geltend gemachten Abzüge, z. B. für Wohnkosten, Unterhalt, Zahlungsverpflichtungen, etc. oder fallen diese ganz weg, sind Sie verpflichtet das von sich aus sofort mitzuteilen, wenn die Entlastung nicht nur einmalig 100 € brutto im Monat übersteigt. Eine wesentliche Verbesserung der wirtschaftlichen Verhältnisse kann auch dadurch eintreten, dass Sie durch das Gerichtsverfahren eine Zahlung erhalten. Wird Ihnen z. B. bei einem Kündigungsschutzprozess eine **Abfindung** gezahlt, wird diese **auf die PKH angerechnet**. Auch das müssen Sie dem Gericht sofort mitteilen, da ansonsten die PKH-Bewilligung nachträglich aufgehoben werden kann und Sie die Kosten selbst zahlen müssen.

Sollte das gerichtliche Verfahren noch bevorstehen, suchen Sie einen Rechtsanwalt auf und weisen Sie ihn auf Ihre finanzielle Situation hin. Er wird dann selbst die Möglichkeit der PKH erwähnen. Wenn nicht, nennen Sie das Stichwort PKH. Ihnen werden dann durch den Anwalt bzw. das Gericht o. g. PKH-Unterlagen zur Verfügung gestellt.
PKH kann übrigens **nur** für Zeiten **nach Vorlage des** vollständigen **Antrags** inklusive aller Nachweise bewilligt werden. Sollte ein gerichtliches **Verfahren bereits begonnen** haben, werden Sie über die Möglichkeit der PKH im förmlichen Schreiben durch das Gericht, in dem Ihnen der Gerichtstermin mitgeteilt wird und – sollten Sie als juristischer Laie ohne Rechtsbeistand im Gerichtstermin erscheinen – zu Beginn des (Güte-)Gerichtstermins durch den Richter belehrt. Ihnen werden dann postalisch auf Ihren Antrag die Unterlagen zur Verfügung gestellt. Diese müssen Sie zeitnah und mit den geforderten Nachweisen dem Gericht nachreichen. Von daher haben Sie keinen Nachteil.

 Achtung: Wird Ihr PKH-Antrag aus o. g. Gründen – und deshalb für Sie voraussehbar – abgelehnt, müssen Sie für eine vorherige anwaltliche Tätigkeit **zahlen**, wenn Sie keine BH erhielten bzw. Ihr Anwalt im Rahmen der PKH-Bewilligung tätig wurde. Das Gleiche gilt für bereits entstandene und noch entstehende Gerichtskosten.

Nehmen Sie keinen Abstand von einem Rechtsstreit allein aus Kostengründen, auch PKH ist für Sie sehr sinnvoll.

5. Die Tipps & Tricks zum Umgang mit Ihrem Rechtsbeistand:

Ganz entscheidend ist, dass Sie für Ihren Rechtsbeistand möglichst gute Voraussetzungen schaffen, um Ihr Recht optimal durchzusetzen. Oben wurde bereits beschrieben, wie Sie grundsätzlich einen Rechtsstreit gewinnen, das ist ganz wichtig. Die Vorbereitung ist im juristischen Bereich das Entscheidende! Sie sollten deshalb Ihren Rechtsbeistand immer **so früh wie möglich kontaktieren**.

Seien Sie immer **ehrlich gegenüber Ihrem Rechtsbeistand**. Nichts ist schlimmer als ein Mandant, der seinen Rechtsbeistand anlügt oder nicht alles sagt, was er weiß. Das gilt auch für Unterlagen, die vorgelegt werden müssen. Ansonsten kann sich Ihr Rechtsbeistand nicht auf gegnerisches Störfeuer vorbereiten, dass ihn überraschend treffen wird. Hierauf kann dann nicht so schnell, taktisch sinnvoll und durchdacht reagiert werden, als wenn das von Anfang an bekannt gewesen wäre. Außerdem ist es Ihrem Rechtsbeistand dann nicht möglich eine vollständige Beratung zu Beginn eines Rechtsstreits zu gewährleisten, bei der er alle Vorgehensweisen, Chancen und Risiken, Konsequenzen und Alternativen aufzeigen kann. Unabhängig davon leidet das Vertrauen zwischen Ihnen. Denken Sie an die o. g. lange Dauer von Gerichtsverfahren und einen problematischen Wechsel eines Rechtsbeistandes!

Versuchen Sie sich nicht juristisch oder außerjuristisch mit Ihrem Beistand zu messen oder rechthaberisch zu sein. Identifizieren Sie sich auch nicht zu stark, vermeiden Sie Emotionen und wahren Sie eine **sachliche Distanz**. Deshalb sind Freunde und Verwandte meist nicht geeignet als Rechtsbeistand.

Sie müssen die **Zeit zur Beratung** intensiv **nutzen**, seien Sie immer vorbereitet und konzentriert, bringen Sie Beweise (Verträge, schriftliche Korrespondenz, etc.) mit, ansonsten ist das verschenkte Zeit und Ihr verschenktes Geld. Seien Sie sich auch bewußt, dass Ihr Rechtsbeistand Ihnen nicht unbeschränkt zur Verfügung steht!

Bei unterschiedlicher Meinung in der Sache oder Problemen in der Zusammenarbeit sollten Sie das möglichst **sofort konkret** ansprechen. Ist Ihre **Kritik** sachlich und nachvollziehbar, führt das in den meisten Fällen zu gesteigertem Engagement und Sie werden ernster genommen, speziell bei angestellten Anwälten und Gewerkschaftssekretären, die jeweils einen Vorgesetzten haben. Es gibt aber auch Anwälte, die sich von Laien nichts sagen lassen wollen, s. Was ist ein guter Rechtsbeistand? Je öfter und rigider Sie allerdings kritisieren – ob berechtigt oder nicht –, desto mehr wird die Atmosphäre und Ihr Fall darunter leiden. Sie sollten deshalb mit Bedacht vorgehen, da ein Anwaltswechsel nicht nur Zeit und Mühe kostet, sondern unter Rechtsbeiständen Unwohlsein verursacht, da der neue Rechtsberater Sie noch nicht einschätzen kann, ob Sie durch den vorhergehenden Berater wirklich schlecht beraten wurden oder Sie ein Querulant sind. Dennoch: Sind Sie berechtigterweise objektiv unzufrieden mit Ihrem Anwalt oder hat dieser Fehler begangen, die zu Nachteilen für Sie in finanzieller oder sonstiger Hinsicht führen oder geführt haben, können Sie die jeweilige Rechtsanwaltskammer des Gerichtsbezirks, in dem Ihr Anwalt seine Kanzlei hat, zwecks **Beschwerde oder** für eine **vermittelnden Lösung** des Problems kontaktieren. Die jeweiligen Adressen erhalten Sie sehr einfach im Internet. Darüber hinaus könnten Sie – wie bei anderen Vertragsverhältnissen – das Mandat, d. h. den Beratungsvertrag, durch schriftliche Kündigung samt schriftlicher Zurücknahme Ihrer ursprünglich erteilten Vollmacht sofort beenden und notfalls vor Gericht wegen Falschberatung klagen.

6. Was ist ein guter eigener Rechtsbeistand?

Ein guter Rechtsbeistand zeichnet sich speziell dadurch aus, dass er **juristisch**, aber auch forensisch (**vor Gericht**) und im Umgang **mit Verhandlungen erfahren** ist. Hierfür muss er weder Fachanwalt für Arbeitsrecht oder besonders alt sein. Fachanwälte haben zwar bewiesen, dass Sie einige Fälle im Arbeitsrecht bearbeitet, einen Theoriekurs belegt haben und sich pro Jahr fortbilden. Wie erfolgreich diese Fälle betreut und wie konsequent er sich für die Mandanten einsetzt, geht hieraus aber nicht hervor. Viele Anwälte scheuen einen Fachanwaltstitel, weil sie Bedenken haben, dass nur noch Mandanten mit Streitigkeiten dieser Fachrichtung zu ihnen kommen. Deshalb: Auch ohne Fachanwalt kann ein absoluter Profi vor Ihnen sitzen; im Zweifel sind diese sogar engagierter.

Darüber hinaus sollte er **allgemeine Lebenserfahrung** haben und **menschlich** sein. Hierdurch ist eher gewährleistet, dass er sich für Sie, Ihren Fall und mit Ihren Sorgen wirklich auseinandersetzt, sich also angemessen Zeit für Sie nimmt! Außerdem sollte Ihr **Verhältnis nicht deutlich ungleichberechtigt** sein. D. h. Arroganz, Statussymbole, etc. schaden. Verstehen Sie was er sagt oder spricht er Fachchinesisch, das Sie nicht verstehen und vor allem nicht beurteilen können? Geht er auf Ihre Fragen und individuellen Bedürfnisse ein, auch wenn Sie aus nachvollziehbaren Gründen besonders soft oder kämpferisch gegenüber Ihrem Arbeitgeber vorgehen wollen? Präsentiert er Ihnen für und wider (Chancen und Risiken) unterschiedlicher Vorgehensweisen mit den Konsequenzen und Alternativen? Es gibt im Juristischen nie nur einen Weg, meistens auch nicht den Königsweg! Steht er Ihnen maßvoll zeitlich für Beratungstermine und ggf. telefonisch, zum Vorwärmen vor und nach dem Gerichtstermin für eine Besprechung zur Verfügung und hat er einen üblichen Umgang auf Augenhöhe?

Außerdem sollte der Rechtsbeistand bei einer gerichtlichen Auseinandersetzung das **Gericht und** möglichst den zuständigen **Richter kennen**. Zwar kann in den wenigsten Fällen über den kurzen Dienstweg ein Vorteil herausgeschlagen werden, aber es ist gut die Einstellung und die Schwerpunkte des zuständigen Richters im Vorfeld zu kennen.

7. Wie finde ich einen guten Rechtsbeistand?

Einen o. g. guten Rechtsbeistand zu finden ist nicht ganz einfach. Generell gilt folgendes:

Bei **Gewerkschaftssekretären** haben Sie die Gewähr, dass sie laufend viele Fälle bearbeiten und deshalb fachlich mindestens ganz vernünftig sind. Die anderen Komponenten können Sie nur beurteilen, wenn Sie die Person kennengelernt haben oder zumindest Freunde hier gute Erfahrungen gemacht haben. Außerdem werden die Fälle nach dem zeitlichen Eingang verteilt, d. h. es ist eher Zufall, welcher Gewerkschaftssekretär für Sie zuständig ist. Bei Gewerkschaftssekretären besteht aber gerade weil sie viele Fälle bearbeiten das Risiko, dass sie sich nicht genügend Zeit für Sie nehmen (können).

Bei Anwälten sollten Sie wissen, dass **größere Kanzleien** (5 Anwälte und mehr) wirklich teuer sind, 300 € pro Stunde und mehr zzgl. Mehrwertsteuer sind oft normal, wenn nach Stundensätzen abgerechnet wird. Nicht in jedem Fall steht deren fachliche und persönliche Leistung zum Preis im Verhältnis, auch wenn das Auftreten speziell und ein Fachanwaltstitel meist vorhanden ist. Hier besteht oft Zeitdruck, so dass Rückfragen und das zwischen den Zeilen teilweise zu kurz kommen kann. **Kleinere Kanzleien und Einzelanwälte** widmen sich Ihrem Anliegen mehr, gehen im Zweifel intensiver auf Sie ein und sind preislich billiger, ab 100 € pro Stunde zzgl. Mehrwertsteuer, wenn nach Stundensätzen abgerechnet wird. Auch hier gibt es viele Fachanwälte; wenn kein Fachanwaltstitel gegeben sein sollte, heißt das nicht, dass der Anwalt nur mittelmäßig ist. Hier gibt es zahlreiche Profis und gerade solche Kanzleien kämpfen professionell, mehr als andere und nehmen Sie auf Augenhöhe wahr, was nicht nur im Umgang, sondern auch in der Sache große Vorteile hat.

Außerdem sollten Sie in die **gelben Seiten** gucken, auch wenn hierin sehr viele Anwälte stehen. Zwar können Sie nicht alle im Vorgespräch ausprobieren, aber versuchen Sie ein **erstes Telefonat** zu führen. Ist der Anwalt nie erreichbar, ruft nicht zurück, unfreundlich, spricht fachchinesisch, ist fachlich für Sie als Laie (!) nicht ganz im Bilde oder ohne Interesse an Ihnen und Ihrem Fall, lohnt auch nicht der gute Ruf oder eine tolle Empfehlung Ihres Freundes-/Bekanntenkreises.

Kaufen Sie ein Auto ohne Probefahrt, probieren Sie Schuhe nie vorher aus? Testen Sie mindestens einen Anwalt, möglichst zwei, die o. g. Kriterien erfüllen. Mehr können Sie nicht machen und Sie werden damit mindestens gute Erfahrungen machen – ansonsten können Sie sehr auf die Nase fallen!

III. Die Tipps & Tricks zum Umgang mit dem gegnerischen Rechtsbeistand:

Der gegnerische Rechtsbeistand hat für Sie wenig Relevanz, wenn Sie einen eigenen Beistand haben, was dringend anzuraten ist.

Die schriftliche und mündliche Kommunikation zwischen Ihnen und Ihrem Arbeitgeber erfolgt ausnahmslos über Ihren Rechtsbeistand. Es ist dem gegnerischen Rechtsbeistand standesrechtlich untersagt diesen zu umgehen und Sie direkt zu kontaktieren. Hierdurch soll eine Überrumpelung von Ihnen als juristischem Laien verhindert werden, was in der Praxis wichtig ist. Sollte sich Ihr Arbeitgeber oder dessen Beistand deshalb bei Ihnen melden, **verweisen Sie auf Ihren Beistand** und äußern Sie sich nicht in der Sache, da Sie ggf. ausgehorcht oder Ihre Verfassung ausgetestet werden soll, um die weitere gegnerische Vorgehensweise zu planen!

Wie auch sonst gilt, dass klappern zum Handwerk gehört. Lassen Sie sich deshalb nicht durch Statussymbole, lautes, schnelles Sprechen und viele Fremdwörter blenden. Sie wissen durch dieses Buch, wie Sie Ihren Rechtsstreit gewinnen.

IV. Die Kosten des Rechtsstreits:
1. Allgemein:

Im Arbeitsrecht ist es eine Besonderheit, dass Sie im Urteilsverfahren **keinen Kostenerstattungsanspruch gegen die unterliegende Partei in der ersten Instanz** haben, § 12 a ArbGG. In der ersten und zweiten Instanz ist das anders: Die Kosten des eigenen und des gegnerischen Rechtsbeistands (bei der Vertretung durch einen Anwalt und ohne Rechtsschutzversicherung) trägt der Verlierer, ebenso die Gerichtskosten. In anderen Rechtsgebieten als dem Arbeitsrecht muss Ihnen der Verlierer die entstandenen Kosten erstatten, weil er Sie ungerechtfertigt zum Rechtsstreit gezwungen hat und Sie gezwungen waren gerichtlich Ihre Rechte durchzusetzen.

Sollten Sie deshalb weder Mitglied in einer Rechtsschutzversicherung oder der Gewerkschaft und nicht bedürftig genug sein, um Beratungs- oder Prozesskostenhilfe in Anspruch nehmen zu können, müssen Sie mindestens die Kosten des eigenen Rechtsanwalts selbst zahlen.

Mittlerweile können Sie die Anwalts- und Gerichtskosten auch nur noch bei Existenzgefährdungen **von der Steuer absetzen**. Das ist bei Kündigungsschutzstreitigkeiten und Befristungsklagen der Fall, da Sie ansonsten ohne Einkommen sind.

Grundsätzlich können Sie sich als **Faustregel** merken, dass die Maximalkosten für den eigenen, den gegnerischen Anwalt und die Gerichtskosten 10 % des Streitwertes einer separaten Instanz betragen. Mit steigendem Streitwert sinken die Gebühren immer weiter unter 10 % des Streitwerts.

2. Die Kosten für einen Anwalt:

Die außergerichtlichen und gerichtlichen Kosten eines Anwalts berechnen sich entweder nach einem festen Satz, der zu Beginn der ersten Beratung zwischen Ihnen und Ihrem Anwalt in einer schriftlichen **Gebührenvereinbarung** unabhängig von der Vollmacht vereinbart wird. Üblicherweise rechnet Ihr Anwalt dann nach Zeitaufwand ab, wobei die Stundensätze je nach Ballungsraum, Kanzleigröße und Schwere des Falls ca. zwischen 100 – 1.000 € zzgl. Mehrwertsteuer pro Stunde schwanken.

 Achtung: Hierbei müssen Sie **nicht nur** die reine **juristische Tätigkeit**, sondern auch Reisezeit neben Schreibauslagen, Fahrtkosten, etc. vergüten. Teilweise sind zusätzliche Kosten fällig, wenn spezielle Verfahrenssituationen auftreten, z. B. ein Vergleich, eine Beweisaufnahme, o. ä. All das steht aber schriftlich in der Gebührenvereinbarung, die Sie aufmerksam durchlesen müssen.

Unabhängig davon werden selten **Pauschalvergütungen** vereinbart, d. h. für jede Instanz ein Betrag von ... € zzgl. Mehrwertsteuer.

Alternativ dazu – eher üblich – werden die Anwaltskosten auf Basis des **Rechtsanwaltsvergütungsgesetzes** (RVG) durch den eigenen und auch den gegnerischen Anwalt erhoben.
Kennzeichnend hierbei ist, dass sich die Kosten der Anwälte anhand des Streitwertes bemessen. Der Streitwert ist der Gegenstandswert, der dem Streit zugrunde gelegt wird. Verlangen Sie vom Gegner die Zahlung von Geld, entspricht die Geldsumme weitestgehend dem Streitwert, verlangen Sie keine Zahlung, sondern z. B. dass Ihre Kündigung zurückgenommen wird und das Arbeitsverhältnis fortgesetzt wird, gibt die Rechtsprechung bestimmte Werte für die **Berechnung des Streitwertes** vor: Für das gerichtliche Verfahren werden bei:

- Einer Kündigung drei Bruttomonatseinkommen,
- der Befristung Ihres Arbeitsvertrages ein Brutto,
- der Abmahnung ein Brutto,

- der Korrektur oder Erteilung eines Zeugnisses ein Brutto zugrunde gelegt.
- Sollte neben der Feststellung, dass Ihr Arbeitsverhältnis nicht durch die Kündigung beendet worden ist, ebenfalls Klage auf Weiterbeschäftigung erhoben worden sein, fällt ein weiteres Bruttomonatseinkommen an.

Die Summe der unterschiedlichen Überprüfungen ergibt den Streitwert in Euro. Aus der Streitwerttabelle als Anlage zum RVG ergibt sich die Gebühr des Anwalts. Diese wird bei einem Rechtsstreit vor Gericht mit dem Faktor 1,3 (**Verfahrensgebühr**) und dem Faktor 1,2 (**Terminsgebühr**) in der ersten Instanz multipliziert. Ergeht ein Urteil in der ersten Instanz, können noch Fahrtkosten und Auswärtspauschalen, Kopierkosten, Post- und Telefonpauschale sowie 19 % Mehrwertsteuer hinzugerechnet werden. Das Ergebnis ergibt dann den Betrag, den Sie an den Anwalt zahlen müssen.

Sollte anstelle eines Urteils ein gerichtlicher Vergleich geschlossen werden, können Anwälte zusätzlich eine **Vergleichsgebühr** von 1,0 * o. g. Streitwert verlangen, so dass das zu vorgenanntem Ergebnis hinzuaddiert werden muss.

Bei einem außergerichtlichen Streit wird die anwaltliche Tätigkeit billiger, wenn nach dem RVG abgerechnet wird. Meist erfolgt die außergerichtliche Anwaltstätigkeit deshalb nach einer Gebührenvereinbarung und die gerichtliche Arbeit nach dem RVG.

Ihr Anwalt kann für seine außergerichtliche und gerichtliche Tätigkeit von Ihnen auch einen **Vorschuss** verlangen. Das kommt aber nur vereinzelt vor, speziell wenn der Rechtsstreit nicht durch Ihre Rechtsschutzversicherung übernommen wird.

3. Die Kosten für einen Gewerkschaftssekretär:
Kosten für die außergerichtliche oder gerichtliche Tätigkeit eines Gewerkschaftssekretärs entstehen Ihnen nicht. Voraussetzung ist dafür aber, dass Sie Mitglied in der Gewerk-

schaft sind. Hierfür müssen Sie Arbeitnehmer, d. h. kein Geschäftsführer, Vorstand, etc. sein.

V. Die Behörden:

1. Das Integrationsamt:

Das Integrationsamt (IA), früher Hauptfürsorgestelle, ist für Sie zuständig, wenn Sie über eine (Schwer-)Behinderung oder entsprechende Gleichstellung verfügen.

In der Praxis ist für Sie das IA am wichtigsten, wenn Ihnen als Schwerbehindertem oder Gleichgestelltem gekündigt werden soll. In dem Fall muss Ihr Arbeitgeber <u>vor Ausspruch der Kündigung die Zustimmung des IA</u> erhalten haben, s. Sonderkündigungsschutz: Schwerbehinderte & Gleichgestellte, §§ 85ff SGB IX.

Unabhängig davon überprüft das IA die <u>Beschäftigungspflicht</u> von Schwerbehinderten und Gleichgestellten bei privaten und öffentlichen Arbeitgebern ab einer bestimmten Größe: Bei mehr als 20 Arbeitnehmern müssen 5 % Schwerbehinderte/Gleichgestellte, bei bis 40 Arbeitnehmern, ein Schwerbehinderter/Gleichgestellter, bei bis 60 Arbeitnehmern zwei Schwerbehinderte/Gleichgestellte beschäftigt werden. Sollte das nicht der Fall sein, wird gegenüber Ihrem Arbeitgeber eine <u>Ausgleichszahlung</u> festgesetzt, § 71ff, 77 SGB IX.

Darüber hinaus ist das IA neben der Agentur für Arbeit dafür zuständig Schwerbehinderten und Gleichgestellten geeignete <u>Arbeitsplätze vorzuschlagen.</u>

Ferner begleitet das IA eine bevorzugte Berücksichtigung von Schwerbehinderten und Gleichgestellten bei innerbetrieblicher Bildung (<u>Fortbildungen</u>, etc.), der <u>behindertengerechten Einrichtung</u> des Betriebes an sich und speziell Ihres Arbeitsplatzes sowie der <u>Einrichtung von Teilzeitarbeitsplätzen,</u> § 81 SGB IX.

2. Die Agentur für Arbeit:

Die Agentur für Arbeit (AA), Arbeitsagentur oder früher Arbeitsamt, ist für alle Fragen zur Arbeitslosigkeit (Arbeitslosengeld I, Sperre, Fristen, Anrechnung), Vermittlung von Arbeitsplätzen, finanziellen Zuschüssen für Fortbildungen oder eine Selbstständigkeit, Kurzarbeit, Wintergeld, finanzielle Förderung von Transfermaßnahmen und Insolvenzgeld zuständig, §§ 3ff SGB III.

3. Die Deutsche Rentenversicherung Bund:

Die Deutschen Rentenversicherung (Dt. RV), früher Bundesanstalt für Angestellte (BfA), können Sie speziell bei Fragen zu Ihrer (Früh-)Verrentung und Erwerbsunfähigkeitsrente kontaktieren.

4. Die Krankenversicherung:

Ihre Krankenversicherung (KV) ist u. a. zuständig, wenn Sie auffällig viele krankheitsbedingte Fehlzeiten im Betrieb haben und Ihr Arbeitgeber eine Überprüfung durch einen Arbeitsmediziner beantragt. Daneben kommen Sie in Kontakt bei Rehabilitations- und Wiedereingliederungsmaßnahmen bei Gesundheitsproblemen.

5. Die Berufsgenossenschaft & der Zoll:

Mit der Berufsgenossenschaft (BG), dem Zoll und sonstigen Ordnungs-/Verwaltungsbehörden werden Sie fast nie zu tun haben.

Die **BG** ist speziell für den Arbeitsschutz sowie Arbeitsunfälle mit Gesundheitsschäden und Todesfällen zuständig.

Der **Zoll** überprüft neben sonstigen Ordnungs-/Verwaltungsbehörden die Einhaltung von Arbeits- und Arbeitsschutzvorschriften, speziell die Einhaltung der Arbeitszeit sowie die Bekämpfung der Schwarzarbeit und Kontrolle der Arbeitspapiere.

6. Die Tipps & Tricks zum Umgang mit Behörden:

Auch bei Behörden herrscht mittlerweile ein sachlicher Umgang mit Servicebereitschaft.

Besondere Tipps & Tricks sind hier nicht zu berücksichtigen, außer dass jede schriftlich verbindliche Entscheidung durch Sie außergerichtlich durch einen Rechtsbeistand auf Richtigkeit und Vollständigkeit **überprüft werden** sollte. Hier geschehen Fehler und fleißiges Kämpfen lohnt sich meist, auch wenn außergerichtliche und gerichtliche Verwaltungsverfahren lange dauern.

 Achtung: Vor Abschluss eines Aufhebungsvertrages und gerichtlichen **Vergleich**s, speziell wenn Sie über Sonderkündigungsschutz verfügen, sollten Sie bzw. Ihr Anwalt die zuständige Arbeitsagentur kontaktieren, um negative Entscheidungen bzgl. Sperrzeit, Anrechnungen von Abfindungen, die Höhe des Arbeitslosengelds I, Kurzarbeiter- und Insolvenzgeld sowie Transfermaßnahmen zu vermeiden. Gleiches gilt bei Ihrer **(Früh-)Verrentung** bzgl. der Arbeitsagentur und der Deutschen Rentenversicherung Bund.

Schriftliche **Bestätigungen** Ihrer Anfragen werden übrigens nur erteilt, wenn ein konkretes Verfahren vorliegt.

4. Teil: Der Notfallplan
I. Gekündigt – Was jetzt?

1. Kontaktieren Sie den Rechtsbeistand Ihres Vertrauens und legen Sie die für Sie beste Vorgehensweise fest, z. B.:
    a. Außergerichtliche Einigung (ggf. Aufhebungsvertrag),
    b. Klage mit streitiger Entscheidung oder
    c. Klage mit Vergleich (ggf. und Abfindung/Abwicklungsvertrag).
2. Wann Ist Ihnen die Kündigung zugegangen? Beachten Sie die dreiwöchige Klagefrist! Falls ein Fristablauf vorliegt stellen Sie einen Antrag auf nachträgliche Zulassung!
3. Ist die Kündigung schon aus formellen Gründen unwirksam?
    a. Ist Ihnen die Kündigung schriftlich mit Originalunterschrift zugegangen, d. h. nicht mündlich, per e-mail, SMS oder eingescannter Unterschrift? Ist es nur eine Schlenker-Unterschrift?
    b. Hat der Kapitän des Schiffes unterschrieben? Wenn nicht: Personalleiter, nicht Sachbearbeiter!
    c. Ist das Kündigungsschreiben richtig datiert und ein richtig berechnetes Kündigungsdatum nach Ablauf der Kündigungsfrist in der Kündigung enthalten?
    d. Wurde bei Azubis und Mutterschaftlerinnen der Kündigungsgrund schriftlich in dem Kündigungsschreiben angegeben?
4. Was für eine Kündigung wurde ausgesprochen:
    a. Änderungs- oder Beendigungskündigung?
    b. Ordentlich, außerordentlich fristlos oder außerordentlich mit sozialer Auslauffrist?
    c. Liegen deren Voraussetzungen vor, wichtiger Grund, Zwei-Wochen-Frist, etc.?
5. Wie intensiv muss Ihre Kündigung überprüft werden?

a. Ist Ihre Probezeit abgelaufen?

b. Hat Ihr Betrieb mehr als fünf bzw. mehr als 10 Arbeitnehmer im Durchschnitt? Achtung: Besondere Zählung!

6. Welche Art Kündigung liegt vor:

a. Betriebs-,

b. personen/krankheits- oder

c. verhaltensbedingte Kündigung?

d. Liegen deren Voraussetzungen vor?

7. Sind Sie in der Privatwirtschaft oder der öffentlichen Verwaltung beschäftigt, sind Sie leitender Angestellter? Wenn ja:

a. Besteht ein Betriebs-/Personalrat bzw. Sprecherausschuss?

b. Wenn ja: Wurde dieser richtig, vollständig und fristgemäß angehört?

c. Wie reagierte dieser inhaltlich und wann?

8. Steht Ihnen Sonderkündigungsschutz zu?

9. Ist die Kündigung sittenwidrig oder diskriminierend?

10. Können und wollen Sie einen Auflösungsantrag stellen, kann das Ihr Arbeitgeber?

11. Können und müssen Sie Ihre Arbeit anbieten?

12. Können und wollen Sie einen Weiterbeschäftigungsantrag stellen?

13. Wann läuft Ihre Kündigungsfrist aus? Können und wollen Sie eine Prozessbeschäftigungsvereinbarung eingehen?

14. Sind unabhängig von der Kündigung sonstige Angelegenheiten zu regeln?

a. Kontaktierung der:

- Arbeitsagentur zur Vermeidung einer Sperre beim Bezug von Arbeitslosengeld:
  - arbeitssuchend & arbeitslos melden,
  - nach Förderungen (Schulungen & finanziellen Leistungen Arbeitslosengeld I & II) erkundigen!

- Rentenversicherung wegen Regelalters-, Früh-, Erwerbsunfähigkeits-, ggf. Erwerbsminderungsrente!
- Krankenversicherung ggf. wegen Rehabilitations- & Kurmöglichkeiten!

b. Ist die Übernahme in eine Transfer- & Qualifizierungsgesellschaft mit entsprechender Förderung durch Ihren Arbeitgeber sowie die Arbeitsagentur gesichert?

c. Müssen Sie (Ausschluss-)Fristen berücksichtigen, speziell bei Vergütungszahlungen:

- bis zum Ablauf der Kündigungsfrist,
- von variablen Vergütungen,
- Spesen.

d. Sind Ansprüche Ihres Arbeitgebers gegenüber Ihnen zu erwarten?

e. Sind Probleme bei der Zeugniserteilung zu erwarten? Fertigen Sie einen Entwurf!

f. Müssen Sie einen Firmenwagen zurückgeben?

g. Besteht ein nachvertragliches Wettbewerbsverbot?

h. Haben Sie Arbeitnehmererfindungen gemacht? Wenn ja: Müssen diese ausgeglichen werden?

i. Haben Sie Unterlagen, Gegenstände, die an Ihren Arbeitgeber herausgegeben werden müssen?

j. Stehen Ihnen Unterlagen/Gegenstände/Arbeitspapiere zu, die an Sie herausgegeben werden müssen?

II. Erheben Sie Klage!

Wurde Ihnen schriftlich gekündigt sollten Sie in jedem Fall dagegen klagen, um für den Bestand Ihres Arbeitsverhältnisses zu kämpfen bzw. eine Abfindung zu erlangen.

Ihr Ziel ist primär die Feststellung, dass Ihr Arbeitsverhältnis durch die Kündigung vom … zum … nicht beendet (**Kündigungsschutzklage**) wurde und unverändert fortbesteht. Darüber hinaus können Sie Ihre Weiterbeschäftigung bis zum rechtskräftigen Abschluss des Gerichtsverfahrens beantragen. Mit weiteren Klageanträgen können Sie ein Zwischenzeugnis o. ä. verlangen.

Hierfür müssen Sie gemäß § 4 KSchG drei Wochen nach Ausspruch und Zugang der Kündigung bei Ihnen Klage erheben, d. h. die Klage muss dann spätestens bei dem Arbeitsgericht eingegangen sein (**Klagefrist**) – sollten Sie nicht klagen, gilt die Kündigung immer als wirksam, auch wenn sie fehlerhaft war!

Waren Sie nach Ausspruch und Zugang der Kündigung bei Ihnen trotz aller Sorgfalt außerstande die Klage rechtzeitig zu erheben, müssen Sie spätestens innerhalb von zwei Wochen nach Behebung des Hindernisses einen **Antrag auf nachträgliche Klagezulassung** stellen <u>und</u> die Klage einreichen. Nach sechs Monaten vom Ende der versäumten Klagefrist an können Sie den Antrag nicht mehr stellen. In dem Antrag müssen Sie die Tatsachen, die die nachträgliche Zulassung begründen durch Beweise mittels eidesstattlicher Versicherung glaubhaft machen, § 5 KSchG.

Ihre Klage muss bei dem Arbeitsgericht erhoben werden, das für das geographische Gebiet **zuständig** ist, in dem der Betrieb Ihres Arbeitgebers liegt.

Beispiel: Klage
Absender

An das Arbeitsgericht …   Ort, Datum

In dem Rechtsstreit … gegen …
Aktenzeichen: …

zeige ich, Rechtsanwalt ..., mit anliegender Vollmacht an, dass ich den Kläger vertrete.
Namens und im Auftrag des Klägers erhebe ich

<u>Klage</u>

und beantrage:

1. Festzustellen, dass das zwischen den Parteien bestehende Arbeitsverhältnis nicht aufgrund der **außerordentlich fristlosen/außerordentlichen Kündigung mit sozialer Auslauffrist/ordentlichen** Kündigung durch die Beklagte vom ... (*ggf.:* zum ...) beendet wird, sondern zu unveränderten Bedingungen fortbesteht,

2. <u>*Ggf.:*</u> festzustellen, dass das zwischen den Parteien bestehende Arbeitsverhältnis nicht aufgrund der **hilfsweise außerordentlichen Kündigung mit sozialer Auslauffrist/ordentlichen** Kündigung durch die Beklagte vom ... zum ... beendet wird, sondern zu unveränderten Bedingungen fortbesteht,

3. <u>*Ggf.:*</u> festzustellen, dass das zwischen den Parteien bestehende Arbeitsverhältnis nicht aufgrund der **höchsthilfsweise ordentlichen** Kündigung durch die Beklagte vom ... zum ... beendet wird, sondern zu unveränderten Bedingungen fortbesteht,

4. festzustellen, dass das Arbeitsverhältnis auch nicht durch andere Beendigungstatbestände endet, sondern auf unbestimmte Zeit fortbesteht,

5. den Kläger bis zum rechtskräftigen Abschluss des Kündigungsschutzverfahrens zu unveränderten Bedingungen als ... weiterzubeschäftigen,

6. dem Kläger unverzüglich ein wohlwollend qualifiziertes Zwischenzeugnis zu erteilen, das sich auf Führung und Leistung erstreckt,

7. *Ggf.:* dem Kläger unter Beiordnung des Unterzeichners **Prozesskostenhilfe** (PKH) ohne Ratenzahlung zu bewilligen.

8. Hilfsweise:
Dem Kläger eine Entschädigung von täglich mindestens ... € brutto zu zahlen, soweit die Beklagte ihrer Pflicht zur Weiterbeschäftigung eine Woche nach Zustellung der Entscheidung nicht nachkommt .

Begründung:
Der ... Jahre alte Kläger ist ... (Familienstand) und hat folgende Unterhaltspflichten ... .
Er ist seit dem ... bei der Beklagten als ... bei einem monatlichen Bruttoeinkommen von ... € zzgl. Sondervergütung von ... € brutto beschäftigt, vgl. Arbeitsvertrag vom ... .
Der Kläger wurde gemäß Bescheid vom ... als Schwerbehinderter/Gleichgestellter mit einem Grad der Behinderung von ... % anerkannt.

Gegenüber dem Kläger wurde am ...

- eine **außerordentlich fristlose/außerordentliche Kündigung mit sozialer Auslauffrist/ordentliche** Kündigung zum ...,

- **hilfsweise eine außerordentliche Kündigung mit sozialer Auslauffrist/ordentliche** Kündigung zum …,
- **höchsthilfsweise eine ordentliche** Kündigung zum … ausgesprochen.

Das KSchG ist aufgrund des Eintritts des Klägers am … und der Betriebsgröße von mehr als 10 Arbeitnehmern anwendbar.

Die Kündigung ist sozial ungerechtfertigt und daher unwirksam, da kein Kündigungsgrund existent ist.
Es sind weder betriebs-, personen-/krankheits- oder verhaltensbedingte Gründe ersichtlich, die die Kündigung rechtfertigen.
Vorsorglich wird für den Fall einer betriebsbedingten Kündigung die Durchführung der ordnungsgemäßen Sozialauswahl bestritten. Die Beklagte wird aufgefordert u. a. hierzu vorzutragen.

Ferner wird die ordnungsgemäße Betriebs-/Personalrats- bzw. Sprecherausschussanhörung bestritten. Auch hierzu muss die Beklagte substantiellen Vortrag leisten.

Der Kläger macht bereits jetzt sämtliche Ansprüche auf rückständiges und zukünftiges Arbeitsentgelt, Urlaubsgeld sowie Urlaubsabgeltung und Provisionen, Tantiemen sowie Gratifikationen, etc., gleich welcher Art und welchem Bezug, geltend.

Der Klageantrag zu 4. ist eine selbstständige allgemeine Feststellungsklage.
Der klagenden Partei sind zwar derzeit keine anderen möglichen Beendigungstatbestände außer den mit den Klageanträgen zu 1., 2. und 3. angegriffenen Kündigungen bekannt. Es besteht aber die Gefahr,

dass die beklagte Partei im Verlauf des Verfahrens weitere Kündigungen ausspricht. Es wird deshalb die Feststellung begehrt, dass das Arbeitsverhältnis auch durch solche weitere Kündigungen nicht beendet wird. Der Kläger muss vor mißbräuchlichen weiteren Kündigungen geschützt werden. Die Beklagte wird aufgefordert zu erklären, ob sie sich für die Dauer des Rechtsstreits über die oben angegriffenen Kündigungen auf weitere Beendigungstatbestände berufen will.

Hinsichtlich des Antrags zu 6. ist zu beachten, dass der Kläger nur dann seiner Schadensminderungspflicht nachkommen kann, wenn er sich anderweitig adäquat bewerben kann; das ist nur mit einem qualifiziert wohlwollenden Zeugnis möglich, so dass dieses unverzüglich zu erteilen ist.

Bei PKH: Die Klage ist weder mutwillig noch offensichtlich aussichtslos, so dass PKH zu bewilligen ist. Die Erklärung über die persönlichen und wirtschaftlichen Verhältnisse wird nachgereicht. Vorsorglich wird bereits die Beiordnung gemäß § 11 a ArbGG beantragt.

Der Klageantrag zu 8. folgt aus dem Anspruch gemäß § 61 Abs. 2 ArbGG.

Beglaubigte und einfache Abschrift anbei.

Unterschrift Rechtsanwalt

Verteidigen Sie Ihr Recht und denken Sie daran, dass diejenigen, die Ihnen gekündigt haben oder Ihr Recht nehmen wollen, definitiv irgendwann ähnliche Probleme haben!
Speziell Geschäftsführer, Vorstände, Führungskräfte, Personal- und Abteilungsleiter müssen Unternehmen mittlerweile sehr schnell ohne betriebsbedingte Gründe verlassen!

Alles Gute und viel Erfolg
wünscht Ihnen
Ihr

Jost Scholl

Jost Scholl

So nicht!

Der Arbeitnehmer-
Ratgeber
- Vom Profi für die Praxis -

Mit Tipps, Beispielen & Mustern

stellt Ihnen die wesentlichen schwierigen Situationen im Arbeitsleben leicht verständlich, komprimiert und in prägnanter Form dar.
Der Ratgeber enthält viele Beispiele, Musterschreiben, Chance-Risiko-Abwägungen und Vorschläge speziell zu:

- Kündigung-Abfindung-Aufhebungsvertrag & Auswirkungen auf Arbeitslosengeld (Sperre-Anrechnung)
- Praxis vor Gericht-Anwälte-Behörden-Kosten-außergerichtliche Einigungen
- Befristung-Teilzeit(anspruch)
- Pflege-/Elternzeit-Sabbatauszeit-Mutterschaft
- Überstunden-Vergütung-Rückzahlungsklauseln-Weihnachts-/Urlaubsgeld-Vorschuss-Pfändung
- Krankheit (BEM)-Urlaub-Freistellung-Kurzarbeit-Versetzung-Nebentätigkeit-Steik
- Bewerbungsverfahren-Probezeit-Datenschutz-Fortbildung-Verrentung-Wettbewerbungsverbot-Zeugnis
- Haftung-Insolvenz-Unternehmensverkauf-Betriebsrat-Mobbing-sex. Belästigung
- Minijob-Leiharbeit-Scheinselbstständigkeit
- Schwerbehinderung/Gleichstellung

"Der Ratgeber ist ideal zum Nachschlagen, je nachdem, was man für Probleme hat und wie man sich optimal wehren kann."
Monika C., Verkäuferin
"Viel Wissen, weshalb Arbeitgeber manches machen und was bei Anwälten und Gericht wichtig ist." Stefan H. Ingenieur
Ein wichtiger Ratgeber für alle, die nichts zu verschenken haben und effektiv-professionell handeln wollen, damit Sie Ihrem Arbeitgeber deutlich selbstbewußter gegenübertreten können.
Der Autor ist langjährig als Jurist u. a. auf Bundesebene sowie im operativen Bereich für das Arbeitsrecht tätig.